九月はもっとも残酷な月

森達也

ミツイパブリッシング

はじめに

二〇〇一年、関東大震災時に福田村（現在の千葉県野田市）で起きた惨劇を僕は知った。当時はまだテレビの仕事もしていたから、一五分ほどの報道番組の特集枠ならば放送できるだろうかと考えた。でも結局、テレビではこの企画に同意してくれるプロデューサーは見つからなかった。だから二〇〇三年に刊行された『世界はもっと豊かだし、人はもっと優しい』（晶文社）に、福田村事件について書いた「ただこの事実を直視しよう」を収録し、この本は二〇〇八年に筑摩書房で文庫化された。

ドキュメンタリー映画『ＦＡＫＥ』を発表した二〇一六年、次はドラマを撮りたいと僕は考えた。そのときに思いついた企画のひとつが福田村事件だ。ドキュメンタリー映画として成立させるためには資料も証言者も乏しすぎるが、ドラマなら可能だと考えたのだ。

でも結局、大手映画会社でこの企画に同意してくれるプロデューサーは見つからなかった。そんなときに、この事件を映画化しようと準備していたインディーズのプロデューサーや脚本家たちと出会う。彼らがなぜこの事件について知ったのか。事件を題材に作詞作曲した中川五郎の歌を聴いたからだ。ならばなぜ中川五郎はこの事件について知ったのか。およそ二〇年前に僕が書いた『世界はもっと豊かだし、人はもっと優しい』を中川が読んだからだ。

　こうしてぐるりと回って元の位置。いや元の位置ではないか。一気に前に進んだ。その後に劇映画『福田村事件』の制作が始まる。その原点にあったのは、やはりこの「ただこの事実を直視しよう」だ。その思いがあるからこそ、これを冒頭に置いた。

　基本的にこの本は、映画『福田村事件』の公開を控えた二〇二三年春から一年間続けたメールマガジンをベースにしつつ、同時期に他の媒体に発表した文章や寄稿、過去のテキストで今あらためて読んでほしい数編で構成されている。過去のテキストについては、僕が読んでほしいと思ったものもあれば、編集の中野葉子からこれを是非と勧められたものもある。それぞれ理由はある。『いちご白書』の解説は、イスラエルによるガザ攻撃に抗議するアメリカの大学生たちのニュース映像を見ながら、およそ半世紀前に観て腰が抜けるほどに衝撃を受けた同名の映画を思い出したから収録した。平壌紀行を選んだ理由は、東アジア反日武装戦線のかつてのメンバーで、四九年間潜伏逃亡して最後は自分の名前で死にたいと本名を明かして死んでいった桐島聡の心中を思ったとき、崇高な理念を掲げながら、権力に対して武器で闘うことを決意して過ちを犯した彼らの現在を、もう一度噛みしめたいと思ったから。

　予想はしていたけれど今年の夏は暑い。暑いじゃなくて熱い。子どものころから夏が大好きで、暑ければ暑いほど口もとが弛《ゆる》み秋の始まりには軽い鬱になるほどに夏が好きな僕も、炎天下で往来を歩きながら「さすがにこれは……」と思わず吐息が洩れるほどに熱い。

でも季節は巡る。九月一日になれば、映画『福田村事件』の公開から一年が過ぎることになる。震災後に虐殺された朝鮮人たちへの追悼文を頑なに拒否し続ける小池都知事は再選を果たし、アメリカ大統領選ではバイデンはついに撤退を宣言して「もしトラ」は「ほぼトラ」へとギアを換え、イスラエル国軍によるガザ地区の常軌を逸した殺戮も、ロシアによるウクライナへの攻撃もミャンマーの内戦も終わる兆しがなく、北朝鮮は脅えた犬のように周囲を威嚇し続け、中国の覇権主義はさらに膨張し、移民問題を契機としたヨーロッパの右傾化は現在進行形で加速し、シリアやイエメンやリビアの内戦も終わる気配がない一年だったけれど、でも希望は決して途絶えない。

時おり言われる。これほどに殺伐とした世界なのに、なぜ「世界はもっと豊かだし、人はもっと優しい」とおまえは言えるのかと。わかってるよそんなこと。だからこそ言い続ける。世界はもっと豊かなはずだし、人はもっと優しいはずなのだ。

前に進む。正しい方向に進む。そのために過去を忘れない。だから心に刻む。血と涙で溢れた一〇一年前の残酷な九月のことを。

目次

はじめに　2

I　忘れられた加害と想像力　9

ただこの事実を直視しよう　10
大量虐殺のメカニズム　17
映画は観た人のものになる　28
表現は引き算だ　34
高野山の夜　42
忘れられた加害　49
反日映画の条件　56
一年ぶりの釜山　62
オウム以降と親鸞　68
北京国際映画祭　74

II　リアリティとフィクションの狭間で　85

嫌な奴だと思っていたら嫌な奴に編集できる　86

天皇小説　92

テレビに場外ホームランはいらない　106

「テロ」の定義　114

三人の兵士たち　116

『オッペンハイマー』は観るに値しない映画なのか　118

III　ニュースは消えても現実は続く　127

事件翌日の夜に　128

危機管理に目を奪われて転倒　130

世論とメディアの相互作用　入管法改正前夜　132

ピースボートは社会の縮図だ　139

イスラエル・パレスチナ問題を考える 146
すぐに消える大ニュース　コロナから裏金まで 156
世界はグラデーションだ 164
地下鉄サリン事件は終わっていない 166
「味方をしてくれというつもりはない」 パレスチナ難民キャンプ 173
パレスチナと愛国心 183

IV 無限の自分を想像すると少しだけ楽になる 189

くすぶり続けるもの 『いちご白書』 190
平壌から 198
自由か安全か 212
多世界を思う 214
死刑囚になった夢の話 220
修業時代 227

ティッピング・ポイント　235
北朝鮮ミサイル発射！　237
桐島、活動やめたってよ　239
ゴッド・ブレス・アメリカ　248

I

忘れられた加害と想像力

ただこの事実を直視しよう

灼熱の一日が終わろうとしている。利根川の川面は西陽をぎらぎらと反射して、河原に作られたゴルフの練習場では、帰り支度の男たちが和やかに声をかけ合っている。しばらく川沿いを歩き回ったけど、渡し場の痕跡らしいものは見つからない。土手の草の上に僕は腰を下ろす。当然だけど惨劇の余韻などどこにもない。一陣の風が汗ばんだ頬を撫で過ぎる。たぶん一〇一年前のその日も、きっと同じような風が吹いていたのだろうとふと思う。

大正一二年九月六日、未曽有の惨事となった関東大震災から五日が過ぎたこの日、千葉県葛飾郡福田村（現野田市）の利根川沿いで事件は起きた。大八車に日用品を積んだ一五人の行商人の一行が、福田村三ツ堀の渡し場に近い香取神社に着いたのは、午前一〇時ごろと記録されている。

この行商人の一行は五つの家族で構成されていた。一人が渡し場で渡し賃の交渉をするあいだ、足の不自由な若い夫婦と一歳の乳児など六人は鳥居の脇で涼をとり、三〇メートルほど離れた雑貨屋の前で、船頭と交渉していた一人の妻と夫婦一組、二歳から六歳までの子どもが三人と、二四歳と二八歳の青年二人が床机《しょうぎ》に腰を下ろしていた。渡し賃の交渉が始まってすぐに、渡し場が殺気だった。「言葉が変だ」と船頭が叫び、半鐘が鳴らされ、駐在所の巡査を先頭に、竹やりや鳶口《とびぐち》、日本刀や猟銃などを手にした数十人の村の自警団が、あっというまに集まってきた。

「日本人か？」

「わしらは日本人じゃ」

「言葉が変だ」

「四国から来たんじゃ」

そんな会話があったと生存者は証言している。命じられるままに君が代を唄わされたが、それでも殺気だった男たちは納得しない。巡査が本庁の指示を仰ぐために現場を離れたとき、突然男たちは行商人の一行に襲いかかった。乳飲み子を抱いて命乞いをする母親は竹やりで全身を突かれ、男は鳶口で頭を割られ、泳いで逃げようとした者は追われて日本刀で膾《なます》切りにされた。

惨劇はしばらく続き、雑貨屋の前にいた九人は全員殺された。そのうちの一人は妊婦だった。鳥居の側《そば》で呆然と事態を見つめるしかなかった六人は、針金や縄で後ろ手に縛られ、川べりに引き立てられた。乳児を抱いたまま縛られた母親を後ろから蹴り上げながら、一人の男が「川に投げ込んじまえ！」と叫ぶ。呼応した自警団の面々が縛り上げられたままの六人を川に投げ込もうとしたとき、馬で駆けつけた警官が事態を止めた。河原には子どもを含む九つの惨殺死体が転がり、厳しい残暑の日差しに照らされていた（死体はこの時点ですべて川に投げ込まれていたとする史料もある）。

現場は福田村だったが、襲撃したのは同村と隣の田中村（現柏市）の自警団だった。数十人いたと見られる自警団のうち、八人だけが殺人罪で逮捕されるが、大正天皇逝去に伴う恩赦ですぐに全員釈放される。取調べの検事（弁護士じゃない。彼らを告発すべき役割の検事だ）が、「加害者たちに悪意はない」と新聞に語り、弁護費用は村費で負担され、家族には見舞金まであてがわれた。受刑者の一人は出所後村長になり、市町村合併後は市議にも選ばれた。

これだけの虐殺なのに事件そのものや刑罰の軽さを問題視する人はほとんどなく、マスコミ（新聞）もなぜか事件究明については及び腰だった。不思議なことに被害者の遺族からも抗議や裁判への不満はほとんどなく、現場には慰霊碑すら建立されず、こうして福田村事件はいつしか歴史の闇に葬られ思い出す人すらいない時代が何十年も続いてきた。

蛇足とは思うが背景を説明する。震災発生後、朝鮮人が井戸に毒を投げ込んだというデマが関東地域で飛び交い戒厳令が布告され、六〇〇〇人を超える在日朝鮮人が市民たちに惨殺された。この背景にはいくつかの要因があるが、二〇世紀初頭に断行された日韓併合に対して不満を持つ在日朝鮮人たちから襲われるとの恐怖や不安が、震災後の混乱や恐慌を潤滑油にして、過剰な自己防衛意識に短絡したことは間違いないだろう。ならばなぜ福田村事件は、加害の側だけではなく被害の側も含めて、みな口を閉ざしてしまったのだろう。

福田村で襲撃された行商の一行は在日朝鮮人ではない。全員が香川県三豊郡（当時）内の被差別部落の出身者だった。仕事を自由に選択できない彼らにとって、行商は大事な生業だ。事件が加害者側である野田市はもちろん、被害者の地元の香川でも、なかったことのように扱われた背景には、おそらくこの事実があったからだ。在日朝鮮人への差別意識に被差別部落への差別意識が重なった。だから声高になれないのだ。

最後に残った生存者の証言をきっかけに、二〇〇〇年に「福田村事件を心に刻む会」が設立された。しかしいまだにメディアの対応は鈍い。「刻む会」設立にあたり、事務局は地元のマスコミに案内を出したが、当日の取材に訪れた社はひとつもなかったという。

読売新聞千葉県版の小さな囲み記事で事件の概要を知った僕は、資料文献を探しいくつかの取材を重ねて企画書にまとめ、民放各局のニュース番組の特集企画担当プロデューサーを訪ね歩いた。しかしやはり反応は鈍い。事件そのものについては誰もが率直に「こんなことがあったのか」と驚嘆するが、番組として放送するかどうかについては一様に逡巡《しゅんじゅん》した。

「ニュースバリューはありますよ。でも、とにかく非常にナイーブな事件ですね」

「ナイーブ？」

「つまり、どこに番組としての視点を置くかなんです。日本人が朝鮮人と勘違いされて惨殺された悲劇としてしまったら、朝鮮人虐殺を肯定しかねないし、部落民だから殺されたわけではないのに、ことさら部落を強調することは、いってみれば差別の再生産に繋がるわけで……メッセージの伝え方が非常に難しい話なんですよ」

ある程度は理屈としてはわかる。だけどある程度だ。結論には絶対に承服できない。差別の再生産を危惧すると言っている本人が、ややこしさの再生産をしていることに気づいていない。そもそもよく考えれば、別にややこしくすらない。一〇一年前、朝鮮人への大虐殺があった。その際に多数の日本人も殺された。しかし被害者側がなぜか沈黙する一件があった。それはどうやら彼らが被差別部落の人たちだったからのようだ。……ストーリーとしてはこんな展開だ。丁寧に組み立てれば混乱などしない。複数の差別問題が絡んだからややこしいと条件反射的に思い込んでいるだけだ。

九人の命が闇に屠《ほふ》られた。そして同時期にこの国で六〇〇〇人が惨殺された。この事実を直視するだけでよい。そこから始まる。余計な形容詞や前提や伏線やレトリックなど不要だ。そんなストーリーではない。

とにかく忘れてはいけない。今の日本という国のありようを考えるうえで、これほどにシンボリックで寓意に満ちた事件は他にない。

二〇〇〇年秋、映画『A2』撮影のため、僕は毎週のように群馬県藤岡市に通っていた。出家信者数一〇〇人を超える「オウム真理教の最大拠点」と呼称された施設がこの地にあったからだ。親しくなった信者の一人と施設の周囲を散策していたとき、道路の脇に苔むした慰霊碑を見つけた。

「それね、虐殺された朝鮮人たちの慰霊碑なんです」

彼は言った。

「朝鮮人？」

「関東大震災で朝鮮人たちが虐殺されたでしょう？　この地域がいちばん激しかったらしいんです。私たちも最近までそのことを知らなくて、この慰霊碑を見つけたときはちょっとぞっとしました」

施設の周囲は群馬県警が二四時間警備している。さらにその周囲を当時は地元住民の監視団がぐるりと包囲して、信者たちの出入りに厳しい目を向けていた。警察がいなかったら何をされていたかわかりませんねと信者は微笑む。現実に何人かの信者は、警察が目を離した隙に住民に囲まれて危害を加えられたこともあったようだ。

虐殺の加害者は普通の村民たちだった。家族を愛し、隣近所の付き合いを大事にし時には義憤に燃え時には涙を流す、そんな市井《しせい》の心優しい人たちが何十人もの集団となって、乳飲み子を抱いて命乞いをする母親を竹やりで息絶えるまで突き、逃げる子どもに猟銃の照準を合わせ、呆然と立ち尽くす若者の脳天に背後から鳶口を突きたてた。一〇一年前、この光景は関東中で繰り広げられ、六〇〇〇人余りの命が犠牲となった。

彼らは僕らの祖父であり父であり、そして僕ら自身でもある。救いなどない。教訓を得ようなどの意識も必要ない。この現実の前にはテーマやメッセージもかすむ。ただこの事実を直視するだけでいい。

守らねばならないとの意識はこれほどにあっさりと暴走する。正義や善意が根底にあるから摩擦が働かない。水は零度になったからといって必ず氷になるわけではない。ところが何かのきっかけで一瞬にして氷結する。相転移だ。

人は集団となったときにこの相転移を起こしやすい。一人称単数の主語を失うからだ。「俺」や「私」が「我々」や「国家」などの集合代名詞に置き換わるとき、人は優しいままで限りなく残虐になれるのだ。

これは共同体で生きることを選択した人類の普遍的な属性だ。だからこそ戦争や虐殺は絶えない。特に日本人はこの傾向が強い。一極集中で付和雷同、一斉傾斜であると同時に場や空気を何よりも気にする国民性が、人類が持つこの負の属性を促進するのだろう。

しつこさは承知でもう一度だけ言う。お願いだ。直視するだけだ。まずは知ることだ。そこから始めよう。

（二〇〇一年九月、出典は『世界はもっと豊かだし、人はもっと優しい』ちくま文庫、二〇〇八年）

大量虐殺のメカニズム

撮りながら考え続けた

僕は虐殺について考えている。殺される側ではなく、殺す側に自分を置いて。

……などと書き始めると、境界線上にいる少し危ない人だと思われるだろうか。でも事実だ。ずっと考えている。

この原稿を書いている今日の日付は二〇二三年五月一三日。関東大震災時の朝鮮人虐殺をテーマにした映画『福田村事件』は、来週に予定されている最終チェックを残してほぼ完成した。公開は震災からちょうど一〇〇年後となる九月一日の予定だ。いろいろ悔やむことはあるし出来はともかくとして、今の僕の思いやテーマをできる限り凝縮した作品にはなったとは思う。だからやっぱり僕は考える。世の中には鉄道が大好きな人がいる。テツオタと言うらしい。アニメが大好きならアニオタ。地下アイドルに入れ込む人もいれば、天文観測やゴルフや熱帯魚飼育に熱中する人もいる。僕は虐殺。虐オタ。寝ても覚めても頭の中は虐殺でいっぱい。……人に言えない。でも事実だ。だから思う。考える。なぜ自分は虐殺について、しかもこれほどに長いあいだ、憑《つ》かれたように考え続けているのか。

なぜと書きながらも、理由はわかっている。

オウムを撮ったからだ。

地下鉄サリン事件が起きてしばらくのあいだ日本社会は、まさしくパニック状態だった。テレビは早朝から夜中までオウム真理教の特番ばかりで、新聞一面はオウム関連の記事で埋め尽くされていた。そのすべてに共通する前提は、彼らは邪悪で凶暴で危険な殺人集団であることだ。オウムは絶対的な悪。戦後初めて出現した公共敵だ。叩くことに容赦は不要だ。だからこそ行政は、彼らの住民票受理を胸を張って拒絶し、警察は白昼の行動で別件逮捕や違法捜査を当然のように行い、メディアはこれを黙認し、多くの人権団体は沈黙し、いくらなんでもこの状況はおかしいと声をあげた人はオウムのシンパとして叩かれ、しかもこの状態が一年以上も続いた。

もちろん、危険な集団であるとの認識は間違いではない。実際に彼らは多くの人を殺傷したし、もっと多くの人を殺傷していた可能性もあった。でも事件に加担していない一般信者と一緒に暮らす幼い子どもたちの就学を拒否する学校や、住民票を受理しない（ならば健康保険証や運転免許証の更新ができなくなる）と宣言する行政に多くの人が拍手喝采する状況は、明らかに一線を越えていた。

当時の僕はテレビディレクターだった。信者たちを被写体にするドキュメンタリーを企ててオウム施設内に入ったとき、屈託のない彼らの笑顔と穏やかな応対に出会い、自分はどこで誰を撮っているのかと混乱した。だから撮りながら考え続けた。なぜこれほどに善良で純朴な人たちが、多くの人を殺そうとしたのか。殺したのか。

重要な補足を二つするが、この時期に僕が撮っていた信者たちの多くは、サリン事件も含めて一連の事件に加担はしていない。でももしも指示をされていたら、彼らも加担していたはずだ。極論すれば、実行犯とそうでない信者を分ける境界は、たまたま（彼らにとっての上司から）指示をされたかされなかったかの違いでしかない。

もうひとつは、この時期にオウム信者に接したメディア関係者は、決して少なくないということだ。僕と同じように彼らも混乱したはずだ。でも彼らの取材のアウトプットである記事や番組の主旨は変わらない。なぜなら社会はオウムに対して、邪悪で凶暴で冷酷な集団であることを求めている。メディアは社会の願望に抗わない。もしも信者一人ひとりは純朴で善良な人たちですなどとあの時期にアナウンスしたり書いたりしていたら、そのテレビ局や新聞社はすさまじい罵声と抗議に晒《さら》されていたはずだ。視聴率や部数は大きく減少するし、スポンサーから苦情も来る。会社としてのメリットはひとつもない。

その回路から僕が離脱できた理由は、彼らを被写体にしたドキュメンタリーを撮り続けていたことに加えて、撮影開始直後にテレビから放逐《ほうちく》されて帰属する後ろ盾を失い、文字どおり一人になったことの影響も大きい。

信者たちが居住するオウム施設内でカメラを手に一人で（時には泊まり込んで）うろついているのだから、どう考えても一般市民とは言い難い。でもそれまでに帰属していたメディアからは、この作品と共に僕も排除された。もちろんオウムに入信することもありえない。

徹底的に一人だった。後ろ盾がまったくない。仲間もいない。施設内でカメラを回しながら、

（信者は別にして）話しかける相手もいない。だから自問自答の時間が続く。その主語は常に一人称単数だ。テレビがナレーションなどでよく使う「我々」ではない。だから述語が変わる。変わった述語が自分にフィードバックする。視点が変わる。ならば世界は変わる。

テレビから排除されたテレビディレクターが撮る映像に、いったいどのような意味があるのか。これは誰が観るのか。発表できるのか。この先自分はどんな人生を送るのか。何もわからない。でも撮影を止めることもできない。撮りながら自分の内側で何かが変わりつつあるような感覚があった。

何かのスイッチが入ったのか。あるいは何かのポーズが解除されたのか。いずれにしてもその感覚は、その後も今に至るまでずっと、僕の内側で駆動し続けている。

僕はなぜここにいるのか

映画『A』（一九九八年）については撮影中盤の時期に、自主制作映画という道筋を示してくれた安岡卓治という相棒が見つかった。正式にはプロデューサーだが相棒と書いた理由は、結局のところ最後まで二人だけだったからだ。だから一人称単数は変わらない。安岡が現場に来ないときには、やっぱりカメラを手に施設内をうろつきながら、「おまえは誰だ」とか「なぜここにいる」などと自問を続けていた。

『A』に続いて『A2』（二〇〇二年）を発表する直前、アメリカ同時多発テロが起きた。僕はたまたま夜のテレビニュースを観ていた。スタジオにいる人たちもテレビを観ている人たちも何が起きているのかよくわからないまま、予定されていたニュースはニューヨークのライブ映像へと切り替わり、やがて真っ青な空を背景に、二機めの旅客機が高層ビルの壁面に吸い込まれるように激突した。偶然はありえない。何かが起きている。ならばこれはテロなのか。テレビの前でそんなことを思いながら、初めてオウム施設に入ったときの感覚を思い出していた。

なぜ人は優しいままで人を大量に殺せるのか。

その後にアウシュヴィッツ・ビルケナウ強制収容所に行った。ガス室と焼却炉。殺害されたユダヤ人たちの膨大な髪の毛や遺品。声も出ない。吐息ばかり。深呼吸ができない。酸欠になりそうだ。これは被害の記憶。

でも同じポーランドにはイェドヴァブネ村がある。ユダヤ人とポーランド人が隣人として暮らしていたこの村で、大規模なユダヤ人虐殺があった。加害者はこの時期に村を占領していたナチスドイツの兵士たち。ずっとそう思われていた。しかし僕が訪ねる数年前、ポーランドの国家機関である国民記憶院は徹底した調査を行い、加害者はナチスの兵士ではなく同じ村人であるポーランド人だったと公式に発表した。道行く人たちの表情は柔和だ。でもこの事件について質問すれば、みんな下を向いて沈黙する。これは加害の記憶。

朝鮮半島の三八度線に行った。イムジン川の向こうには、畑を耕す北朝鮮の農民が見える。その後、平壌《ピョンヤン》に一週間ほど滞在した。およそ半世紀前によど号をハイジャックした赤軍派のメンバーが暮らしている宿舎に泊まり、彼らと夜を徹して、今の日本や失敗した革命や自分たちの過ちについて話し合った。

沖縄のガマを訪ね歩いた。関東大震災時の朝鮮人虐殺の慰霊祭に参加した。八月は毎年のように広島と長崎に行く。再建中のアメリカ同時多発テロ跡地には何度か足を運んだ。イラク戦争でPTSDになった元米軍兵士に会った。同時多発テロの遺族でありながら、その後のアフガニスタンやイラクへの武力進攻に反対していた人たちに話を聞いた。

ヨルダンのパレスチナ難民キャンプでホームステイして、イスラエル・パレスチナ問題について考えた。自国の軍隊が数万人の島民を殺害した韓国の済州島《チェジュ》で、多くの展示や傷跡を見た。遺族の話を聞いた。ドイツ国内のいくつかの強制収容所を訪ね、ユダヤ人に人体実験を施した手術室で数時間を過ごし、ナチス幹部たちが集まってユダヤ人への最終計画を決定したヴァンゼー邸宅にも行った。カンボジアのキリング・フィールドとS21（政治犯収容所）に行った。クメール・ルージュの少年兵たちが幼い子どもを殺すために足を持って振り回して頭をぶつけた通称キリングツリーは、今も緑の葉を茂らせている。

これらはすべて虐殺と戦争の跡地だ。つまり過去の記憶。跡地ばかりをめぐるのには理由がある。友人の戦場ジャーナリストやカメラマンから、おまえは戦場に行かないほうがいいと言われるからだ。なぜならおまえはとろくて反応が人より遅れるから。

確かにそうかもしれない。合わせているつもりが一人だけ違う動きをしている。日本にいる限りは、遠足でみんなからはぐれたとか傘はほぼ必ず電車に忘れるとか実務能力が極度に低いとかのレベルで済むけれど（これはこれで大変だが）、戦場ではそうはゆかない。

でも跡地であるからこそ、土地に染みついた記憶が靴底を通して伝わってくるような気がする。かつてこの地に満ちていた絶叫と悲鳴。鉄錆《てつさび》のような血のにおい。深い悲しみと喪失。

……もちろんこれは「気がする」だけだ。科学的でもなければ客観的でもない。でも歩きながら、僕の中の何かが呼応することは確かだ。

ちょうどこの時期、僕は東京拘置所に通い始めていた。死刑判決を受けた六人の元オウム信者に面会するために。男たちはやっぱり穏やかだった。善良で優しかった。でも彼らが多くの人を殺害したことも確かだ。

加害の否定

凶悪で残虐な人たちが善良な人たちを殺すのではない。普通の人が普通の人を殺すのだ。世界はそんな歴史に溢れている。ならば知らなくてはならない。その理由とメカニズムについて。スイッチの機序について。学んで記憶しなくてはならない。そんな事態を何度も起こさないために。

でも僕たちが暮らすこの国は、記憶する力が絶望的なほどに弱い。むしろ忌避《きひ》している。殺す側は邪悪で冷酷。その思いが強いからこそ、過去に自分たちがアジアに対して加害した歴史を躍起になって否定しようとする。

あいちトリエンナーレ２０１９の「表現の不自由展・その後」をめぐる騒動の発端は、松井一郎大阪市長（当時）のツイートだった。これを受けて会場に足を運んだ河村たかし名古屋市長が「日本国民の心を踏みにじる行為で、行政の立場を超えた展示が行われている」として企画展の即刻中止を要求。松井も「我々の先祖がけだもの的に取り扱われるような展示物」などと発言し、これに呼応するように反日の展示をやめろと一気に火がついた。

ならば松井に言わねばならない。見もせずに「けだもの的」という形容を思いつく想像力は「たくましい」のレベルを超えているが、でもその視点は正しい。人は環境によって「けだもの」にもなれば「紳士淑女」にもなる。南京で虐殺にふけった大日本帝国陸軍の兵士たちも、家に帰れば妻や子を愛する父であり両親思いの息子だったはずだ。ナチスの兵士もクメール・ルージュの幹部たちも、朝鮮人狩りに狂奔《きょうほん》した村の自警団の男たちも赤軍派の兵士たちも、サリンガス散布に加担したオウムの信者たちも、違う環境にいたら違う行動をしていたはずだ。しかし松井と河村も含めて、虐殺などなかったとか慰安婦は商売だったとか日本人は気高くて崇高なはずだなどと声をあげる彼らは、人間が多義的な存在であるとの認識が絶望的なほどに欠落している。だから日本人は「けだもの」とは違うと必死に否定する。そしてこういう人たちに限って、自分たちの加害を否定しながら他者に殺された被害の側には安心して過剰に感情移入するから、加害の側をより強く叩こうとする。

だから、ホロコーストのサバイバーや被害者遺族たちが作ったイスラエルが、これほど無慈悲にパレスチナの民を加害する理由がわからない。加害と被害は反転しながら連鎖することに実感を持たない。

僕が面会と文通を続けた元オウム信者の死刑囚は六人だ。早川紀代秀と新実智光、中川智正、小池（林）泰男、広瀬健一、宮前（岡崎）一明。多いときは毎週のように誰かに面会し、誰かの手紙を読んで返事を書いていた。その気になれば、松本智津夫（麻原彰晃）については微妙だが、残り六人のオウム死刑囚にも面会できたと思う。でもしなかった。明確な意識はないけれど、いずれ死刑になる人との付き合いを、これ以上は増やしたくなかったのだと思う。

二〇一八年七月六日、上川陽子法務大臣（当時）が死刑執行命令書にサインして、松本智津夫、早川紀代秀、井上嘉浩、新実智光、土谷正実、中川智正、遠藤誠一の死刑が執行された。さらに七月二六日、残りの六人である小池（林）泰男、豊田亨、端本悟、広瀬健一、宮前（岡崎）一明、横山真人が処刑された。ちなみに、宮前、端本、土谷以外の一〇名すべてが、再審請求中だった。国民のセキュリティ意識を強く刺激して日本社会を大きく変えたオウム（正確に言えば変わった主体は日本社会だが）は、こうして、再審請求中は死刑執行されないというそれまでの慣例もあっさりと破壊した。

僕が会った六人について言えば、メディアから「殺人マシン」と呼称された小池（林）泰男とは齢《とし》が同じで、いつのまにか互いにタメ口で話すようになっていた。差し入れの茹で卵が大好きな中川智正は、事件の話になるたびに涙ぐんだ。甘いものに目がないと聞いてチョコやビスケットなどを面会のたびに差し入れしていた早川紀代秀は、森さんのせいで太りました、と笑っていた。オウムでも最も凶悪で冷酷などとメディアから言われていた新実智光は、面会室の扉を開けるたびに直立不動で深々とお辞儀をした。寡黙な広瀬健一は、日本中の子どもたちがもっと数学に興味を持つようにと、空き時間に参考書を作っていた。拘置所で墨絵を始めた宮前（岡崎）一明は、僕の娘へのプレゼントとして見事な鯉の墨絵を描いてくれた。

一人ひとりの個性はもちろん違う。でも凶悪で冷酷な男など一人もいない。みな優しくて善良で穏やかだ。彼らはみな、自分の行いを悔やんでいた。（遺族の気持ちを考えれば）自分が処刑されることは当然だとも言っていた。だから面会のたびに僕は煩悶《はんもん》した。彼らを合法的に殺すことの意味は何か。動機はきわめて宗教的であったとしても、彼らが罪を犯したことは確かだ。ならば罰を受けねばならない。でも深く悔やんで反省している人を殺すことの意味は何か。他の償いはないのか。人を殺してはいけないことを理由になぜ人を殺すのか。

この国が今も死刑制度を手放せない理由のひとつは、歴史認識と同様に、人を殺した人は邪悪で冷酷で生きる価値などないとの思いが固着しているからだ。

善良な人が善良な人を殺す。その理由とメカニズムについてずっと考え続けてきたからこそ、僕は（ある程度は）理解しているつもりだった。でも映画『福田村事件』撮影の終盤、虐殺が始まる瞬間の人々の表情について、吐息や呻《うめ》きや逡巡をどのように描くかについては、相当に煩悶した。俳優たちからも質問された。この瞬間に（僕が演じるこの男は）どんな思いで竹やりを子どもや妊婦に突き刺したのですか？　遺体を川に捨てるときには何を考えていたのでしょう？

申し訳ないが僕にもわからない。だって理屈ではどう考えてもできるはずがない。何かが憑《ひょう》依《い》した。あるいは何かが一時的に停止した。きっとそんな感じなのだと思う。曖昧にうなずきながら俳優たちは必死に演じる。そのすぐ横で僕はカメラのモニターを必死に見つめる。これで良いと思えばＯＫを出す。何かが違うと思えば、「カット！」の後に「テイク２！」と声をあげる。

もう一度書く。理屈や論理ではない。薄っぺらい正義の陶酔や安易な憎しみに浸るのではなく、加害する側の悲しみを知ってほしい。もちろん被害者側の絶望と恐怖も知ってほしい。どちらも大切だ。どれほど悔やんでも元には戻せない。今さらなかったことにできない。だからこそ記憶する。記憶するために撮る。

（二〇二三年五月一四日）

映画は観た人のものになる

ただしくなってきた。

モンタージュで物語は紡がれる

映画『福田村事件』の全国公開日である九月一日まで二カ月を切って、少しずつ身辺があわただしくなってきた。

七月五日は日本記者クラブで記者会見が行われた。八月には日本外国特派員協会で会見が予定されているし、新聞や雑誌などからの取材やインタビュー依頼も急に増え始めた。

映画は撮り終えた段階で半分、という言葉がある。残り半分の仕事は、撮った映画を一人でも多くの人に届けること。そのためには宣伝が何よりも大切だ。

もちろんこれは映画に限ったことではなく、需要と供給という市場原理が働く社会にいるかぎり、宣伝は絶対に不可欠な要素だ。特に映画や書籍は、食材や衣料品や電気などの生活必需品やインフラとは違うから、宣伝の要素はとても大きい。どんなに素晴らしい映画でも宣伝や口コミが広がらなければ多くの人は観てくれないし、どんなに凡庸で中身のない映画でも大規模な宣伝攻勢をしかければ、多くの人を劇場に呼び込むことができる。

だから宣伝は重要。それは大前提だ。

でも僕は、これまで五本の映画を撮って発表してきたけれど会見やインタビューについては、ずっと積極的になれない。質問に答える自分への違和感をどうしても払拭《ふっしょく》できないのだ。

映画に限らず映像作品の編集の基本はモンタージュだ。異質なカットを組み合わせることで意味を創出する。ジュースの入ったコップを手にするカットの次に、そのコップが空になったカットが続けば、誰もがジュースは飲まれたのだと解釈する。つまり想像で補う。こうしたシーン（カットの集積）がさらに別のシーンにつながり、物語は紡がれる。

言い換えれば映像作品は、観る側の想像力を前提とするジャンルだ。もちろん行間を想像させるという意味では文芸やノンフィクションなど文章も同じだけれど、映像はその機能がよりストレートだ。

だからこそ解釈は人によって微妙に違う。自分の狙いとずれる場合もあるけれど、なるほどそう解釈したのかと新たな発見をさせてもらう場合もあるし、自分でも認知していなかった深層の意識に気づかされる場合もある。

映画は、観た瞬間に観た人のものになる。カットや編集の意図を知りたくなる気持ちはもちろんわかるけれど、そうしたニーズにあっさりと応えて疑問に対して正解があるかのような言い方を自分がすることは、それぞれの解釈に水を差すと思っている。自由に解釈してほしい。間違いなどない。すべて正解なのだ。

だからあまり質問に答えたくない。特に多くの人が目の前にいる舞台挨拶は嫌だ。どうしても仏頂面になる。ただでさえ愛想がない顔なのに、ふてくされているからさらに好感度が下がる。だから僕は小林三四郎統括プロデューサーに、舞台挨拶はやらないと以前から伝えていた。

「気持ちはわからないでもないけれど」と小林プロデューサーは言った。

「せめて初日くらいは協力してほしい」

「初日は俳優たちがそろうよね。それで充分じゃないかな」

「そこに監督がいなければ、裏で何かあったのかと観客やマスコミに勘ぐられる」

「監督は出たくないって言ってると説明すればいいじゃん」

「出たくない理由を詮索される」

そう言ってから小林プロデューサーは僕の顔を正面から見つめて、「舞台挨拶はできるだけ少なくするけれど、大阪とか名古屋とか福岡とか、地元のメディアが多く集まる拠点の上映の際には協力してほしい。監督が来ればメディアが記事にしてくれる」と言った。

観てほしい思いは同じ

制作過程ではいろいろあった。すでにできあがっていた座組に自分が後から入る形になったので、不協和音は少なくなかった。予算がぎりぎりであることも摩擦の要因になった。監督を降りると宣言したこともある。自由に撮れなかった。自由に編集できなかった。自分の思いが一〇〇パーセント形になった作品ではない。一〇〇パーセントどころか五〇パーセント以下だ。できることなら編集も音楽もやり直したい。脚本を一から書き直したい。

でも僕がずっと抱え続けていたテーマはとにかく形になった。映画としては不本意だけれど、できたからには一人でも多くの人に観てほしい。それはそれで本音だ。

小林プロデューサーの経営する配給・制作会社の太秦《うずまさ》は、『牛久』『Blue Island 憂鬱之島』『狼をさがして』『金子文子と朴烈《パクヨル》』『ハマのドン』など、問題作ばかりをこれまで配給している。会社としては同じ規模でドキュメンタリー映画の配給を多く手掛ける東風と同じく、アイドルが出演していてテレビの情報番組で公開初日の様子が紹介されて「何回も泣きました」とか「勇気をもらいました」などと観客に言わせて大ヒットするような作品は一本もない。そもそもぎりぎりの制作費で作った『福田村事件』についても、メインスタッフは今のところノーギャラだ。これからギャラが支払われるかどうかわからない。やっぱりこの状況は健全ではないと思うのだ。映画への思いを人質にすべきではない。それにこの作品は、予算の半分以上がクラウドファンディングに支えられている。つまり多くの人の思い。監督を降りると表明したとき、クラウドファンディングの名簿を見せられた。旧《ふる》い友人もたくさんいる。ずっと応援しています、などとコメントしてくれた人も多い。吐息が漏れる。今さら監督を降りますとは言えない。

だから結局は仏頂面のまま妥協する。舞台挨拶もいくつかは約束した。取材も最低限は受ける。内心はボブ・ディランみたいにインタビュアーを煙《けむ》に巻くような放埓《ほうらつ》な答え方をしたいと思っているが、思うだけで実行できる器量はない。とにかく公開前のこの時期からしばらくは、そんな悩ましい日々が続く。

七月二日の日曜日、東京・文京区のカトリック関口教会に呼ばれた。主催は日本カトリック部落差別人権委員会。五〇人ほどの観客のうち、およそ半分は信者（キリスト者）だが、残り半分は一般の人たちだ（オンラインでは一〇〇人近くが視聴していたらしい）。講演のタイトルは「世界はもっと豊かだし、人はもっと優しい」。ここ数年、講演のタイトルは（主催側がつける場合は別にして）ほぼこれ。だから講演の内容もいつも一緒。しかもやっぱり仏頂面。ならば受けなければいいじゃんと自分でも思うけれど、定期収入がほとんどない今の僕にとって、講演は大事な収入源のひとつなのだ。

終わってから、神父やシスターたちと打ち上げ。お酒やタバコはご法度ではない。ギャンブル好きの神父もいるらしい。とはいえウィンプルで髪を隠しながら正装した年配のシスターが、目の前でビールやハイボールを飲む光景はなかなか刺激的だ。

部落差別問題だけではなくハンセン病差別やジェンダー問題までも課題にする日本カトリック部落差別人権委員会の神父やシスターたちの話は、とても興味深かった。教えられることがたくさんあった。

七月四日は民放連のラジオ中部北陸ブロックの審査会。コロナの影響か今年はエントリーする局が少なくてさらにオンラインだったので、審査は昼過ぎに終わった。

五日は日本記者クラブで『福田村事件』についての記者会見。そして六日から七日は、富山市で民放連中部北陸ブロックテレビ番組審査会。大島新さんや長野智子さん、若新雄純さんなどが一緒だった。終わってから審査員一同で、市内の高級和食店で会食。費用は今回の審査会の幹事社である北日本放送持ちで、社長も同席だ。お好きなものをと言われて僕は、ビールを一杯飲んでから「辛口でいちばん高い日本酒」を注文した。切子の徳利に入れられて運ばれてきた日本酒の銘柄は「勝駒《かちこま》」。料理を運んでくるたびに富山湾でとれた鯛の塩釜焼です、とか、秋田産の最高級ジュンサイが入った冷製茶碗蒸しです、とか、このおつくりのホタルイカは今朝とれたてなのでまるごとお召し上がりください、などと説明していた店員（たぶん店長）の説明によると、高岡市の造り酒屋が醸造する「勝駒」は、純米大吟醸なら一般流通価格で一本一万円以上するし、そもそも品薄で富山県民でもめったに飲めない酒らしい。

口に含む。なるほど。一緒に頼んだ長野さんが、フルーティね、と感嘆の声をあげる。確かにフルーティだ。でも僕は、フルーティな日本酒がそれほど好きではない。米なのだから果実テイストはいらないと思うのだけど、最近はフルーティが日本酒の流行らしい。

これまでいちばん日本酒がおいしいと思ったのは、不動産ディベロッパーのサラリーマン時代（ということは二八歳くらいだ）に出張先の金沢で飲んだ「天狗舞」だった。それまで日本酒をおいしいと思ったことはあまりなかったけれど、このときは衝撃を受けるほどにおいしかった。天狗舞は決してフルーティな酒ではなかった。強いて言えば透明感。深遠な山を流れる渓流の水のように清涼だけど、しっかりと酒（つまり米の味）なのだ。

富山の夜はこの後、参加していた民放局の二次会へ合流した。東海テレビや名古屋放送など、旧知の作り手たちはたくさんいる。ネットが出現してテレビの衰退は加速している。でも、歯を食いしばりながら頑張っているディレクターや記者やプロデューサーはまだたくさんいる。この夜は一二時近くまで飲んでから、富山駅前のホテルに戻った。

（二〇二三年七月九日）

表現は引き算だ

取材を受ける日々

『福田村事件』公開まで三週間を切った。僕に対する取材の依頼は相変わらず多い。これまでの映画で取材依頼がいちばん多かったのは『FAKE』(二〇一六年)だったけれど、物量的にはその数倍に及んでいる。

一昔前は、取材を申し込んでくるメディアのほとんどは新聞と雑誌だった。今は半分以上がネットメディアだ。さらに、同じ新聞や雑誌から依頼が続けて来て、不思議に思って前に受けましたよと言うと、今回はウェブ版です、と答えられることも頻繁にある。そのひとつひとつに対応していたら、とてもじゃないが身がもたない。そもそも僕の家は都心から遠い。依頼されるたびに散発的に受けていたら、電車代だってバカにならない。だから配給・宣伝を受け持っている太秦が、メディア各社のスケジュール調整をして、一日単位にまとめている。

その一日まとめての取材が、東京ではすでに二回(つまり二日間)あった。大阪では一回。名古屋でも一回。札幌はこれから。あとはまとめてできないラジオとテレビ。

何度か書いているけれど、取材を受けることは(好きか嫌いかで言えば)好きではない。でも映画を撮ったなら取材は受けねばならない。この夏はその思いで日々を過ごしている。好きではない理由はいくつかあるけれど、質問に対して答えることが嫌なのだ。

今月一八日には札幌のミニシアターであるシアターキノで、（メディア限定ではなく一般の観客も観ることができる）先行上映が行われる。つまり試写会にメディアだけではなく一般客も入れるという形式だ。メディアから監督への取材依頼もいくつか来ているという。

こうしたスケジュールはすべて、太秦の代表で『福田村事件』の統括プロデューサーでもある小林三四郎が決めている。もちろん決定する前に打診はされるが、シアターキノは、僕にとってのデビュー作である『A』を公開時に上映した数少ない映画館のひとつだ。その後も作品を発表するたびに必ず上映してくれているし、それ以外にもキノの中島洋代表にはこれまでいろいろ恩義がある。オファーがあればできるだけ応じたいと考えて承諾した。

でも数日前にキノのウェブサイトを見たら、メディア取材と上映だけではなく、上映後の舞台挨拶と（観客との）ティーチインまで予定されている。つまり質疑応答だ。何だこれ。僕は小林プロデューサーに電話をかけて、ティーチインはやらないと伝えた。

「困ったな。もう告知している」

「だって聞いていない」

「言ってなかったっけ」

「聞いていない」

補足するが、小林は映画業界ではかなり天然で知られている。ズボラすぎると言う人もいる。でも性格は決して悪くない（と僕は思う）。鈍さが近いのだ。『福田村事件』のメインスタッフのうち数人は、隙あらばマウントをとってクレジットの自分の名前を大きくしろとか要請するタイプばかりだったけれど、小林にはそうした傾向はまったくない。

妥協策として小林からは、上映後に二人で登壇し、小林からの質問に答える形で話してほしいと提案された。観客からの質問には答えない。それで納得してほしい。

不承不承だけど同意した。上映後に一人で話すのはもっと嫌だと思ったからだ。それでティーチインと言えるかどうかはよくわからないけれど。

なぜ質問に答えたくないのか

質問に答えたくない。これは映画を撮ったり文章を書いたりする人の多くに共通する感覚だと思う。数年前に釜山《プサン》国際映画祭でばったり会った想田和弘監督に、「この映画のテーマを教えてほしい」とか「あのカットの意味は何ですか」などの質問には本当にうんざりすると愚痴を言ったら（映画祭に招待された監督は、ほぼ必ず上映後に観客との質疑応答を要求される）、僕はそういう質問に対しては「あなたはどう思いましたか」と聞き返すことにしています、と教えられて、なるほどそれは妙案だと感心したが、同じ場で何度もこの対応を続けたら嫌味な奴だと思われる。せいぜい一回か二回だ。

だから結論。やはりティーチインや舞台挨拶などは、できるだけ回避することがベストなのだ。

なぜ質問に答えたくないのか。この理由を僕は、映像のモンタージュ理論に絡めながら、観る側の想像や解釈に余計な補助線を入れたくないからと前項で説明している。自分の気持ちや衝動をきちんと分析することは難しいけれど、もう少し踏み込みたい。なぜ自分は観る側の想像や解釈の邪魔をしたくないのか。

ひとつの理由は、間接話法を損なうことへの危惧だと思う。

映像作品の基本は観る側の想像力に依拠するモンタージュであることは前項に書いたけれど、言葉を重要なエレメント（構成要素）にする文章や映画において、直接的な話法から遠ざかる作業は、豊かな表現を目指すこととかなり重なると思う。

脱原発。戦争反対。人権を尊重せよ。これらのスローガンは直接話法だ。つまり言葉どおりの意味。でも表現に関わる仕事をするのなら、手元のペットボトルや拾ってきた子猫や壊れたラジオなどをモティーフにしながら、脱原発や戦争反対の意図を示したい。

つまりメタファー。表現においては回りくどさが重要だと思っている。なぜそう思うのか。そのほうが深く届くから。自分自身もこれまで多くの映画を観たり本を読んだりしながら、隠喩に気づいたとき（または気づいたと思い込んだとき）、その意味が深く突き刺さることを何度も体験している。

でも観る側と観せる側とが言葉でやりとりする質疑応答は、作品で構築した間接話法や隠喩をぶち壊す。

『A』を撮ったとき、ナレーションやテロップを使うことを自分に禁じたことで、表現はより豊かになると実感した。テレビのバラエティ番組が典型だが、テロップやSE（効果音）や絶叫するナレーションを重ね、さらにスタジオの誰かの顔を抜くワイプ画面やスタッフの笑い声をあとから加えたり、テレビはとにかく足し算に走る。バラエティほどではないけれどテレビドキュメンタリーも、アバン（タイトル前のオープニング）やCM後のリピートやナレーションにタレントを起用するなど、やはり足し算が目につく。でもそれは表現においては自殺行為だ。足すべきではない。引き算すべきなのだ。

『A』においては、やむをえない事情（重要なシーンなのに同録マイクのスイッチを入れ忘れていた）で劇中に音楽を採用したが、シーンの意味を強調する（いわゆるBGM的な）曲ではなく、不当逮捕の現場というアグレッシブなシーンだからこそ、メロウなラブソングを使うことにした。つまり観る側に違和感を想起させようと考えた。これも一種の間接話法であり、広義のメタファーであるとも言える。

なぜ足し算よりも引き算のほうが表現を豊かにするのか。

行間が増えるからだ。

もちろん、行間だらけではスカスカになる。増えればいいというものではない。その案配をいつも考えている。

『A』を編集するとき、ナレーションはいっさい入れなかった。テロップも最小限。このときは引き算とかの意識ではなく、自分と作品を排除したテレビへの反発のほうが大きい。テレビ時代に身に付けた技術やテクニックをすべて封印しようと思ったのだ。つまり意地になっていた。でも完成した『A』をあらためて観ながら、ナレーションがないほうがより豊かに観ることができると気がついた。

だからその後に『A2』、『311』、『FAKE』とドキュメンタリー映画を作ってきたけれど、ナレーションを入れたことは一度もない。でも二〇一九年に公開した『i―新聞記者ドキュメント―』(二〇一九年)のラストで、自分の声でナレーションを入れることを決めたときは、かなり逡巡した。最終的に決断した理由は、映画ではこれまで封印してきたナレーションを使うことで、語る言葉以上の意味に多くの観客は気づいてくれるはずだと考えたから。つまりナレーションを入れるという作為を示すことが、ある種のメタファーとして機能するのだ。

質疑応答に向かない映画

八月一一日は東京・国分寺のカフェスローで『FAKE』の上映会が開催された。

元ユネスコ職員でカフェスローのオーナーでもある吉岡淳さんとは、ピースボートの船上で知り合って意気投合した仲だ。最初は『i―新聞記者ドキュメント―』を上映できないかと打診されたのだけど、制作・配給のスターサンズが提示した上映料金で折り合いがつかなかったらしく、ならばと『FAKE』に落ち着いた。依頼されたとき、上映後にトークしてもらえるかな、と吉岡に言われ、もちろんですと僕は答えている。あまり深く考えずに。

プロデューサーの橋本佳子も催しに参加したいと言うので、国分寺駅で待ち合わせた。店に向かって歩きながら、「『FAKE』で上映後のトークは初めてね」と橋本は言った。

「そうだっけ」

「そうよ、だから私も来ようと思ったのよ」

「すっかり忘れていた」

「あなたね、公開前のメディア取材については不満を言いながら受けていたけれど、公開したらトークは絶対にしないと言って、舞台挨拶もほとんどしなかったわよ」

まったく忘れていた。そうなのか。ならば自分のトーク嫌いは筋金入りだと変なところに感心する。まあ、『FAKE』を観てくれた人ならわかると思うけれど、そもそも質疑応答には不向きな作品だ。あのラストカットは観客を宙吊りにして放り出すことが狙いなのだ。説明したら台なしになる。五分ほど歩いたところ、「考えたらこの作品は、上映会自体がほぼ初めてよ」と橋本が言った。これも僕にとっては初耳だった。

「そうだっけ」

「一回だけあったかな。でもその程度。私はこれまで、三上智恵とか長谷川三郎監督たちの作品をプロデュースしてきたけど、こうした反権力でリベラルな作品のほとんどは、一般の興行よりも市民たちの上映会のほうがメインになる」と橋本は言った。「でもあなたの作品は、とにかく市民が主催する上映会に向かない、というか、上映会を企画してもらえない」

なるほど。言われればそうだ。『FAKE』はもちろん『A』も『A2』も『311』も、市民が主体となった上映会はまず企画されない。「脱原発」や「戦争反対」や「人権は尊い」などのスローガンと馴染みづらいことも確かだ。僕自身にその思いはたっぷりあるけれど、それを直接的に表現するくらいなら、さっさと仕事を変えて次の人生を考えたほうがいいと思っている。これからもこの方向を変えるつもりはまったくない。

（二〇二三年八月一三日）

高野山の夜

被差別部落問題

和歌山県の高野山に行ってきた。真言宗の総本山。日本仏教における聖地のひとつ。行くのはこれが初めてだ。

名称に山がついているが、地理学上の山ではない、と説明された。つまり高度が足りないということだと思うが、『福田村事件』統括プロデューサーである小林三四郎が運転する車の助手席に座っていた感覚としては、山道を相当に登った。しかも涼しい。平地に比べたら温度は五度ほど低いとのこと。

面積で言えば小さな町くらいの高野山は、全域が本山である金剛峯寺の境内地だ。民家はあるにはあるけれど、そのほとんどに居住するのはお寺の関係者。あとは観光客向けの土産物屋や数軒の飲食店と喫茶店だ。

よりによって映画の公開間近で忙しいこの時期に高野山まで来た理由は（移動はほぼ半日かかった）、「部落解放・人権夏期講座」の講師として招聘《しょうへい》されたからだ。依頼されたのは今年の春。これほど忙しくなるとは思っていなかったから、引き受けたことを後悔していたのだが、僕が部落解放同盟の主催する大会に出席すると知った小林は、自分も参加していいか、と僕に言った。

「なぜ？」

「この映画は被差別部落問題も重要なテーマだ。大会なら解放同盟の上層部も参加するはずだから、少しでもパイプを作っておきたい」

福田村事件における被害者は香川県三豊郡（当時）の被差別部落に生まれた人たちだ。この事件が長く知られなかった理由は、加害者が沈黙しただけでなく（それはある意味で当然だが）、被害者や遺族たちも沈黙したからだ。そして被害者側が沈黙した理由は、自分たちが差別される存在であるとの思いや諦めときっと無関係ではない。

だからこそ二〇年前、僕はこの事件をドキュメンタリーで取り上げたいと考えた。朝鮮人差別と部落差別。この事件には日本の近代の二つの歪《ゆが》みが凝縮されていると思ったのだ。

旅程は二泊三日。宿泊は宿坊。つまりお寺に泊まる。料理はもちろん精進料理。高野山の名物はゴマ豆腐。僕も小林も宿坊に泊まるのはこれが初めてだ。

「ビールは飲めるのかな」と小林が言った。

「わからない」と僕は答えた。

「ビールなしで夕食はつらい」とつぶやく小林に、僕は無言でうなずいた。まったく同感。男二人で泊まるのに素面《しらふ》のままなどありえない。でも宿坊は旅館だけどお寺の施設なのだ。しかもここは真言宗の総本山。酒はご法度と考えるべきだろう。

『A』発表以降、浄土真宗からは頻繁に呼ばれる。大谷派も西本願寺も真宗の僧侶たちはほとんどが、催しが終わればすぐに袈裟を脱いで私服に着替えて大酒を飲む。女装バーに連れてゆかれたこともある。坊さんたちは常連らしい。つまり一般的なイメージの「坊主らしさ」が薄い。もちろん、一般的なイメージの中には「品行方正」だけではなく「(いわゆる)生臭坊主」もあるだろうが、少なくとも真宗の僧侶は、(宗教者として破戒行為ではないかと思われかねない)自分たちの行状を隠さない。

まあでもそれも考えたら当たり前。彼らにとっての教祖である親鸞は、初めて肉食妻帯を行い、しかもそれを隠そうともせずに公言した僧侶なのだ。つまり破戒の先駆者。その思想については推察するしかないけれど、善き人も悪き人も一般人も僧侶も貴族も、この世界に生まれたかぎりは誰もがみな救われるとする阿弥陀仏の本願を、多くの人に知らしめるための炎上マーケットだったような気がする。ちなみに夏目漱石は、親鸞のこの破戒行為を「大改革」と評している。

「その時分に、(略)思い切って妻帯し肉食をするということを公言するのみならず、断行してご覧なさい。どの位迫害を受けるか分からない」

「親鸞聖人に初めから非常な思想が有り、非常な力が有り、非常な強い根底の有る思想を持たなければ、あれ程の大改革は出来ない」

(夏目漱石「模倣と独立」『漱石文明論集』岩波文庫、一九八六年)

少し話がそれた。とにかく僕と小林は、宿坊でビールは期待しないほうがいいとの結論に達した。ならば自分たちで調達するしかない。高速を降りてからコンビニで缶ビールを買った。予定よりだいぶ遅れて宿坊に着いて、大広間に通されてゴマ豆腐やがんもどきやナスの煮浸しなどを食べながら、二人でこっそり缶ビールを飲んでいたら、作務衣《さむえ》を着た若い僧侶がお膳で味噌汁を運んできた。あわてて缶ビールを隠そうと思ったが、広い座敷で目の前には二つのお膳だけで（他の宿泊客はとっくに夕食を終えていた）隠すこともできず、観念して「すいません。コンビニで買ってきました。お酒はダメならばここでやめます」と言えば、「ダメじゃないですよ」と若い僧侶は椀を置きながら生真面目な表情で言った。

「般若湯《はんにゃとう》ですから問題ありません」

「じゃあビールも頼めるのですか」

「たっぷりありますよ。足りなければ言ってください」

僧侶の後ろ姿を見送りながら、「つまり僕たちは持ち込みをしてしまったわけだ」と僕はつぶやいた。「普通の旅館なら怒られる」

「明日はちゃんと頼もう」と小林がうなずいた。

「考えたらおまえは柏原の寺の二代目だよな。しかもここと同じ宗派だろ」

「二代目じゃない。寺は兄貴が継いだ」

「でも酒が飲めることくらい知っているはずだろ」

「親父も兄貴も飲んでいるよ。でも宿坊で飲めるかどうかは知らなかった」

『放送禁止歌』でインタビューした相手に再会

　翌日は高野山大学の大教室で夏期講座。講師は多数招待されている。部落差別だけではなく在日コリアンや障害者差別などテーマは多岐にわたるが、大きなテーマは一貫している。僕は集団化することのメカニズムと差別について話し、『福田村事件』の予告編を最後に上映した。

　終わって控室に戻ると、来賓として会場に来ていた部落解放同盟の西島藤彦執行委員長に声をかけられた。今は解放同盟のトップにいる彼は、テレビ時代に僕が『放送禁止歌』を作ったとき、解放同盟の広報担当としてインタビューした相手だった。なぜ歌を封印するのかと意地悪く質問する僕に多少はうろたえながらも、西島は真摯《しんし》に、封印など私たちは求めていない、と答えている。つまり放送禁止歌の本質は放送局の側の自主規制なのだ。西島にインタビューする前に、そのことは知っていた。でも作品においては、西島との対話でその事実を示したかった。つまり西島をだしに使ったということになるが、このときの西島は最後まで真摯で冷静だった。

　インタビューが終わってから、「(自分の出演している場面は) 放送前に見られるんですか」と西島は関西弁で言った。当然見られますよね、とのニュアンスが声に込められていた。でも僕は「見せません」と即答した。「それはテレビのルールに反します」

　一瞬沈黙してから、「わかりました」と言って西島はにっこり微笑んだ。その笑顔は今も覚えている。

「ずいぶんご活躍で」と西島は言った。髪はすっかり薄くなっているけれど、笑顔は二五年前と変わらない。

「西島さんも出世して」と言ってから、僕は横に立つ小林を西島に紹介した。さらに西島からは、横にいた副委員長も紹介された。会場に戻る二人の後ろ姿と名刺に交互に視線を送りながら、小林は「来た甲斐があった」とつぶやいた。

「そうなの？」

「それはそうだよ。だって解同のトップ二人と面識を持てた。これはこの映画にとってもも大きい」

　そういうものかと思いながら、プロデューサーは大変だと僕は考える。これまでの人生で、サラリーマンにフリーターに舞台俳優、ディレクターや監督や作家などいろいろ仕事をやってきたけれど、会社の経理とプロデューサーだけは絶対に無理だと思う。

　その日の夜は、地方から講座に参加した被差別部落の人たちと解放同盟のスタッフ、それに講座に協力している真言宗の僧侶や研修として参加しているメディアの人たち（その多くはコンプライアンス担当だ）と、寺の大広間で宴会になった。

「解同と言ってはいけないのです」と僕と小林に言ったのは解放同盟のスタッフだ。

「ダメなんですか。ずっとそう呼んでいました」

「解放同盟と言ってください」

　なるほどこれは勉強になるとの思いで小林と顔を見合わせていたら、真言宗の若い僧侶から「オウムのときに宗教界は沈黙しました」と話しかけられた。「私たち真言宗もそうです。なぜなら私たちは密教です。実は教義的にはオウムにとても近い」

「他人事ではなかったということですね」

そう言ってうなずく僕の顔をまっすぐ見つめながら、いかにも学究肌の若い僧侶は、「タントラヴァジラヤーナ的な教えもあるのです」と言った。「だからこそあの時期、迂闊《うかつ》なことは言えないと本山の人たちは思ったのでしょう」

真言宗だけではない。麻原の両親が東本願寺派の熱心な門徒だった浄土真宗も含めて、既存宗教はすべてオウム事件のときには沈黙した。社会に受け入れられるためにひっそりとブラックボックスにしまい込んできた信仰の過激な根源を、オウムが暴力的に露呈したからだ。でもこれについて書き始めるとまた長くなる。それはまた別の機会に。


（二〇二三年八月二七日）

忘れられた加害

予想を超える動員

『福田村事件』公開から三週間が過ぎようとしている。メインキャストとともに舞台挨拶を行った初日は満席。入れなかった人も相当数いたという。これは想定内。

翌土日も毎回満席。これも予想どおり。でも翌月曜からも客足は落ちない。各劇場は毎回ほぼ満席。SNSに書き込む人も多い。X（旧ツイッター）のトレンドでしばらく一位だったらしいと、小林三四郎統括プロデューサーに教えられた。

要するに、予想をはるかに超えた規模の動員がずっと続いている。この映画の配給宣伝を担当する太秦のスタッフが言った「何が起きているのか」という感覚を僕も共有する。ただし、（これほどとは思っていなかったけれど）予感はあった。七月から八月にかけて、新聞や雑誌にテレビ、そしてネットも含めたメディアからの取材依頼の量が尋常ではなかったのだ。

これまで書いてきたように、僕は質問に答えることが嫌いだ。好き嫌いのレベルではなく、そもそも答えるべきではないと考えている。だから『FAKE』のときも、取材や舞台挨拶の依頼はほぼ受けなかった。

でも今回は、煩悶しながらも取材は受けようと考えた。舞台挨拶も（最小限にしてもらったが）いくつかは応じている。映画の出来不出来はともかく、このテーマをこの国にぶつけたいとの思いが強かったからだ。ただしストレスは大きい。八月後半には（決して大げさではなく）息も絶え絶えになっていた。大きな負担となったもうひとつの理由は、取材の依頼の量が半端ではなかったからだ。

これほどに取材の量が多かったのは、関東大震災から一〇〇年という節目の年であることは理由のひとつだが、それだけとは思えない。だから考えた。なぜこれほどに多くのメディアが、この映画に関心を示すのか。

たった一〇〇年前のこと

小池百合子都知事は就任翌年である二〇一七年以降、市民団体が主催する、関東大震災で虐殺された朝鮮人の追悼式典への追悼文送付依頼を断り続けている。その理由について都知事は、「（大法要で）犠牲となったすべての方々に哀悼の意を表しており、個々の行事への送付は控える」と説明している。

まったく意味不明。同時期に起きたとはいえ、天災と人災とでは意味が全然違う。しかも人災のほうは、国や内務省や軍も関与している。虐殺を引き起こした流言飛語のきっかけは、内務省から関東各地の警察署に送られた通達だ。ドキュメンタリー映画『払い下げられた朝鮮人』（一九八六年）は、保護を名目に朝鮮人を連行した戒厳司令部が、周辺の村々の自警団に朝鮮人を引き渡して殺させた事実を、多くの証言と資料を基に描いている。千葉県習志野の騎兵連隊が、多くの朝鮮人を拘束して殺害したことも、残された史料から明らかになっている。

日本政府と行政が虐殺に大きく関わったことは明白な事実だ。絶対に言い逃れできない。だからこそ歴代都知事は首都東京の行政のトップとして、追悼文を送ってきたはずだ。

さらに小池都知事は、二〇二三年二月の定例都議会で朝鮮人虐殺についての考えを問われ、「何が明白な事実かについては、歴史家がひもとくものだ」と述べている。今年だけではない。ほぼ毎年、この答弁を繰り返している。

つまり追悼文を出さない理由をまとめれば、「天災も人災もすべてまとめて追悼するから分ける必要はない」「人災（朝鮮人虐殺）が事実かどうかを歴史家が明らかにするまでは追悼しない」となる。そもそもこの人はいったい何を言っているのか。安土桃山時代や平安時代の出来事ではない。一〇〇年前だ。一〇〇歳を超えて今も存命の人はたくさんいる。資料はいくらでもある。なぜ歴史家が出てくるんだ。

しかもこの二つの理由のあいだに脈絡はまったくない。どっちなんだよ。どっちも論外だけど。小池都知事だけではない。八月三〇日の記者会見で松野博一官房長官（当時）は、朝鮮人虐殺についての見解を質問され、「政府内に事実関係を把握できる記録が見当たらない」と発言した。

震災後すぐに当時の司法省は、朝鮮人虐殺について認めた公文書を残している。最近でも、朝鮮人虐殺が横浜市を中心に多発していたことを示す文書が神奈川県で見つかった。政府の防災会議も虐殺があったことは認定している。朝鮮人殺害で服役していた受刑者たちに恩赦を与えることは閣議決定されている。さらに、当時の新聞には、福田村事件はもちろん、朝鮮人を殺傷したことで被告人となった人たちの裁判の記事がいくつも載っている。当時の安河内麻吉神奈川県知事から内務省警保局長に宛てた公文書には、（管轄内で）五九件の事件が起きて一四五人が殺害されたと記載されている。朝鮮人虐殺の場面を描いた「関東大震災絵巻」も発見された。朝鮮人虐殺について書いた子どもたちの作文もある。証言も限りなくある。以下は九月一七日付の朝日新聞デジタル記事の引用だ。

公式記録に加え、事件を明らかにしてきたのが関東各地で集められた証言だ。そのひとつが、1970年代に日朝協会埼玉県連合会が呼びかけ、当時の革新県政が主導して実現した全県調査である。まとめられた報告書「かくされていた歴史」には数多くの目撃証言があり、生々しい。何十人もの朝鮮人が殺される場面を目にした人はこう述べている。「5、6人まだ生きていて『水をくれ』といっていましたが、群衆は『ホレ、水くれてやる』といって丸太で殴り殺してしまいました」。被告となった人の証言も収められており、今も多くの研究者に参照されている。

元高校教員で、日朝協会埼玉県連の会長でもある関原正裕さん（70）は、「関東大震災　朝鮮人虐殺の真相――地域から読み解く」（新日本出版社）を7月に出した。70年代の証言に加え、新たに見つかったメモを用い、「朝鮮人が暴動を起こす」というデマがどう拡散したかを分析。県の通知が果たした役割が極めて大きかったと結論づけた。

関原さんによると、事件にふたをしようという行政や警察の動きは、早い段階からあった。県は責任逃れのため、通知を秘密裏に回収したと指摘する史料がある。ある被告の証言によれば、いずれは恩赦で前科も消えると、警察からにおわされたという。「事件を隠そうとする姿勢は、今の政府にもつながっているのではないか」

民主国家の基本である公文書を軽視する傾向は安倍政権下で加速したが、最近では文書を隠したり破棄したりしたことを隠そうとすらしない。だから「政府内に資料は見当たらない」など と公式な場で発言する。さすがにこれはひどすぎる。歴史改ざんにも程がある。民主主義を看板に掲げる国家としてありえない。

……『福田村事件』に対するメディアの取材が多かった理由は、そう考える記者やディレクターやライターが多かったからではないだろうか。特にテレビや新聞などメインストリームメディアの記者やディレクターは、自分の意見を表立って言葉にしづらい環境にいるけれど、この映画をとりあげれば自分たちの思いを代弁してくれる、との思いがあったのだろう。

そして公開後に予想をはるかに超える動員が続いている理由も、今のこの国の政治と社会の状況は相当にひどいと考える人が、実はとても多いことを示している。

人は失敗や挫折や失恋などを重ねて成長する。それらの事実を記憶することはつらい。でもだからといって、失敗や挫折や誰々を傷つけてしまったなどの記憶から目をそむけて、あるいはなかったことにして、一流大学に合格したとかサッカーで劇的なシュートを決めることができたなどの成功体験ばかりを記憶する人がいたならば、どんな人格になっているかと考えてほしい。少なくとも成長はしていない。

連合国軍最高司令官として敗戦後の日本を統治したダグラス・マッカーサーは、帰国後にアメリカ議会で、(アングロサクソンの国が四五歳くらいの成熟度ならば) 日本は一二歳の少年だ、と発言した。それから七八年以上が過ぎた。単純に計算すれば九〇歳になっているはずだけど、実際の日本の成熟度は何歳くらいになっているのだろう。

安倍元首相は戦後七〇年の際の首相談話で、「戦争には何ら関わりのない、私たちの子や孫、そしてその先の世代の子どもたちに、謝罪を続ける宿命を背負わせてはなりません」と述べている。

謝罪とは相手が納得するまで続けること。でもならばなぜ韓国や中国は、日本をいつまでも許さないのか。自分たちの被害にこだわり続けるのか。

この国が加害を忘れているからだ。

あなたは電車の中で誰かに足を踏まれた。その場でとりあえずは謝罪された。でもその後、その人が「足など踏んでいない」とか「あいつはいつまでこだわり続けるのか」などと言っていることを知ったなら、どんな思いになるだろう。

韓国や中国の真意は、謝罪ではなく記憶なのだと思う。

二〇二三年の日本のジェンダーギャップ指数は世界一二五位と過去最低だ。報道の自由度ランキングでも過去最低を更新し続けている。国政選挙の投票率は低下し続けて有権者の半分前後。民主主義を看板に掲げながら、国民主権の意識が根付いていない。あるいは興味を示さない。難民認定率はたった〇・三パーセントでドイツやフランスなど欧米諸国の一〇〇分の一以下なのに、入管法はさらに厳しい方向に改悪された。人権後進国で当たり前。この国は今も一二歳のままなのだ。

一〇月に開催される釜山国際映画祭に、『福田村事件』は正式招待された。

昨年も企画のセールスで参加したが、多くの韓国の人の反応が不思議なくらいに薄く、最終日に理由を聞いて驚いた。震災時の朝鮮人虐殺について、今の韓国の多くの人たちはよく知らないという。学校でも教えていない。

映画祭関係者はその理由を、在日はパンチョッパリ（半分日本人）という言葉が示すように、多くの韓国の人たちにとって関心外なのだと説明した。

吐息が出る。日本で差別されてきた在日コリアンが、祖国からは冷淡に蔑視されているということは知識として知ってはいたが、それをあらためて実感した。

ならば、と僕は考える。映画で二つの国の記憶をぐらぐらと揺さぶりたい。その思いで釜山に行く。

（二〇二三年九月二四日）

反日映画の条件

日光を浴びたモグラのように

九月下旬、映画『福田村事件』の動員が一〇万人を突破して興行収入も一億円を超えたことが発表された。およそ四〇で始まった劇場も一八〇を超えて二〇〇が間近になっている。ヒットそのものは嬉しい。でも、この予想外のヒットに少しだけ複雑な思いであることも確かだ。

SNSなどで検索しても、ネガティブな評価や感想はとても少ない。まったくないわけではないけれど、『A』や『A2』、『311』など、僕のこれまでの作品と比べれば圧倒的に少ない。理由はわからない。率直に書けば、決して出来のいい作品ではない。脚本部との確執が理由となって、ひとつの作品としての統合ができていない。後半の編集についてはある程度のイニシアティブをとれたけれど、前半から中盤にかけては、つぎはぎだらけの撮影と編集になってしまった。そのしわ寄せで劇伴（音楽）やCGなどデジタル処理にも充分な時間と予算をかけることができず、まったく満足できていない。

まあでもとにかく、「集団化」や「普通の人が優しいままで人を殺す」や「一人称単数の主語」など、これまでずっと言ったり書いたりしてきたことが、映画という形で広く浸透しつつあるとの実感はある。

何だかとまどう。ずっと土の下で暮らしていたのに急に陽の光を浴びたモグラのような気分だ。ちなみに多くの人は勘違いしているが、モグラは陽の光を浴びても死なない。時おり地面でモグラの死体を見つけるから、地上に出る（日光を浴びる）と死んでしまうとの俗説が広まったらしい。

とにかくモグラ。光がまぶしい。闇はどこだ。そういえば罵声も聞こえない。ネットで検索しても、反日映画と罵倒する声はほとんどない。上映中止運動も起きない。自民党議員から、こんな映画に文化庁から補助金を交付しているとはいかがなものか、との声もあがらない。ただし実のところ、反日映画として上映中止運動が起きない理由のひとつはわかる。これまでこうした声が右翼からあがった作品は、

『ナヌムの家』
『靖国 YASUKUNI』
『ザ・コーヴ』
『不屈の男 アンブロークン』
『狼をさがして』
『主戦場』

などだが、これらにはひとつの共通項がある。わかりますか。ヒントは監督。わかりましたよね。これらはすべて、監督が日本人じゃない（『主戦場』のミキ・デザキは日系米国人）。

膝から力が抜けるほどにわかりやすい。外国籍の監督が日本を批判的に撮ったというだけで、彼らは反日だといきり立つのだ。もうひとつの共通項は、ほとんどの作品がまずは『週刊新潮』によって反日映画として記事にされること。それはそうだ。彼らは日常的にドキュメンタリー映画など観ない。いわば『週刊新潮』は彼らにとっての半鐘だ。ここにけしからん反日がいるぞ。こんな映画を日本人として許せるのか。

実のところ上映中止運動は、話題を提供するという意味では動員に貢献しているとの見方もできる。結果として大ヒットした『靖国』はその典型だ。僕も最初はそれを考えた。『週刊新潮』には旧知の記者がいる。僕は彼に電話した。こんな映画を許していいのかっていつもの調子で記事にしてよ。でも彼の答えは「勘弁してください」だった。意味がわからない。絡まれていると思われたのだろうか。

とはいえ僕は生来のネガティブ思考なので、このまま終わるとは思っていない。きっとこれから手痛い目にあう。その覚悟はしている。

よく聞かれる質問

今回は多くのメディアからインタビューされたけれど、ほぼ必ず質問されることは次の三つ。

一、映画を撮り始めるまでの経緯

二、ドキュメンタリーとドラマの違い

三、次回作の構想

一に対する答えはほぼテンプレだ。この本でも書いた。

二については少し長くなる。まずは最大の違い。フィクション（ドラマ）ならば、宇宙人でも地底人でも人間の言葉を話す犬や猫でも撮ることができる。ノンフィクション（ドキュメンタリー）では宇宙人や地底人、人間の言葉を話す犬や猫は撮れない。

つまりドキュメンタリーは現実に規定される。現実を超えることはできない。これに対してフィクションは現実をあっさりと乗り越えることができる。

でもフィクションにも限界がある。自分の想像力の範囲は越えられない。ところがドキュメンタリーはこれをあっさりと侵犯する。僕の体験で言えば『A』の不当逮捕のシーンなどが典型だが、自分の想像力を超える事態がしばしば起きる。そしてこれが頻繁に起きる作品のほうが、事前の予想と計算通りに撮影が進む作品よりもはるかに面白い。

ただしドキュメンタリーもドラマも、編集の基本はカットを組み合わせて意味を強調するモンタージュで繋ぐという意味では差異はない。しいて違いをあげれば順番だ。ドキュメンタリーの場合は撮影後にラッシュ（編集前の映像）を見ながらモンタージュとストーリーを考える。そしてドラマは先にストーリーがあって、それに沿ったモンタージュを考えながらワンカットずつ撮影する。

ここまでをまとめれば、微小な差異は決して少なくないけれど、ドラマとドキュメンタリーのあいだには、多くの人が思うほど大きな違いはない。ただしこれは一般論。これまでずっと数人体制（場合によっては一人）で映画を撮ってきた僕からすれば、多いときは一〇〇人以上のスタッフやエキストラが集結する『福田村事件』の撮影現場の規模は、未体験ゾーンであったことは確かだ。

そして三の質問。次回作の構想については、以下のように答えている。

実はコロナ前からドキュメンタリーを撮り始めていました。コロナとこの映画（『福田村事件』）の撮影があったのでしばらくは休止状態でしたが、そろそろ再開しようとしています。

情報が漏れてしまうと撮影への差し障りが予想されるので、内容についての詳細は言えないしここにも書けないけれど、戦後のメディアにおいてとても大きな不祥事というか事件をテーマにしている。撮り始めた時期が『福田村事件』の準備期間と重なっていたこともあって、助っ人あるいはブレーンとして、綿井健陽と大島新にも加わってもらっている。いわばチーム制。ただし『福田村事件』とは異なって、気心が本当に知れているチームだ。プロデューサーは僕にとっては相棒といえる安岡卓治。さらに、若いスタッフ二人も参画してくれている。この布陣で撮影を進めていて（しかし毎回のことだけどジェンダーバランスは最悪だ）、できれば二〇二四年いっぱいくらいのクランクアップを目指している。

劇映画については、次回はホラーを撮りたいです、と答えていた時期があった。ただしこれもそのときの気分によって変わる。イ・チャンドンの『オアシス』みたいなラブストーリーを撮りたいです、と答えたこともあるし、ゾンビ映画も一本くらいは、とつぶやいたこともある。例えば南京虐殺とかは、と水を向けられたことがあったけれど、それは即答で否定した。『福田村事件』で集団や虐殺などのテーマについては形にできた。自分を踏襲しようとは思わない。撮るならばまったく違うものを撮りたい。

公開から一カ月が経過して、次回作について相談したいと言われることも増えてきた。先日はNetflixの関係者に会った。

ホラーとかラブストーリーとかの話をした後に、逆に提案がもしあれば、と質問すると、森さんの本も読んでいるしテレビドキュメンタリーも観ていますが、超能力関係で何かできないでしょうか、と言われた。なるほど。ひょっとしたら映画向きなのかもしれない。

テレビ東京のドラマで、スプーン曲げで知られた清田益章を清田益章役で起用して（そして僕も森達也役で出演して）三〇分のドラマを撮ったけれど、これはどちらかといえば、ドキュメンタリーテイストのドラマ（テレビ東京「ドラマ25　デッドストック〜未知への挑戦〜」最終話、二〇一七年九月二九日放送）。つまり奇策。あるいは飛び道具。長尺の映画には無理だ。もしも映画にするならば、どんなストーリーが可能なのか。脚本は自分で書くつもりだ。あと何年映画を撮れるのか。手痛い目にあうかどうかはともかくとして、今は早く次回作にとりかかりたい。

（二〇二三年一〇月八日）

一年ぶりの釜山

釜山シネマセンターの巨大スクリーン

一〇月八日午後四時、金海《キメ》国際空港に着いた。同乗は今回も小林三四郎プロデューサーだ。

一年ぶりの釜山。搭乗時間はおよそ二時間。機内でどの映画を観るか悩んだ。見逃していた『インディ・ジョーンズと運命のダイヤル』は二時間三四分。これは無理だ。『ヴァチカンのエクソシスト』は一時間四三分。ちょうどいい。悩んでいる時間の余裕はない。ラッセル・クロウがどのように悪魔祓い師を演じるのか。実はちょっと期待していた作品だ。

ちょうど着陸直前に観終えたけれど、結論から書けば凡作だった。ひねりが何もない。ラストのどんでん返しはホラーの常道なのにそれもない。実話をベースにしているということだから、そのハードルが高かったのだろうか。

とにかく釜山。一便早い飛行機に乗った片嶋一貴プロデューサーと空港で合流する。ホテルは去年と同じ新羅ステイ海雲台。ホテルのロビーで、（撮影現場では制作部だった）東山光宏、内田竜成と合流した。

東山と内田が映画祭初日の数日前から釜山に滞在している理由は、オープニングのレッドカーペットを歩く井浦新、田中麗奈へのアテンドが理由だった。チェックインして部屋に荷物を置いたら、四人でいつもの海岸沿いの海鮮市場に行く。昨年はケブル（ユムシ）を頼んで失敗したけれど、今年は手堅くコムジャンオ（ヌタウナギ）をメインにした。他には貝を網焼きにしてチーズをのせる料理（名前は忘れた）とか（もちろんエゴマの葉と青唐辛子は欠かせない）を食べながら、ビールとチャミスル（マッコリは魚料理に合わないとのことで海鮮市場の店ではあまり提供していない）をひたすら飲む。

一軒目を出てからパラダイスホテルで開催されているパーティーに参加。映画祭期間中は市内のいたるところでパーティーが行われていて、昨年はインドネシアンパーティーと台湾ナイトに出席した。数年前まではジャパニーズナイトもあったらしいけれど、ここ数年は開催されていない。ひとつの理由は予算がないこと。そしてもうひとつの理由は、参加する人が少なくなったから。つまりそれは、日本映画の地位が落ちていることを示している。

飲食店の看板にも、かつてはハングルの下に「いらっしゃいませ」とか「海鮮鍋あります」などと日本語が書かれていたが、今は日本語を見かけることはほとんどない。往来を走る車は高級車ばかり。高層ビルも急激に増えている。映画祭のメイン会場である国立の釜山シネマセンターは、屋外に設置された巨大スクリーンも含めてとても贅沢な作りの建造物だ。文化やエンタメに対する国の姿勢が日本とは違いすぎる。

街を歩きながら実感する。物価が高い。というか、円の価値が下がっているのだ。滞在時はほとんど海鮮市場で飲み食いしているけれど、たぶん新大久保のほうが安い。

「すっかり抜かれたなあ」

歩きながらふとつぶやけば、日本と韓国を頻繁に行き来している東山が、「はい、自分たちはもう日本を抜きかけていると多くの韓国の人は思っています」とうなずいた。

一九九二年には日本の四分の一だった一人当たりのGDPは、二〇二一年には八八・五パーセントにまで肉薄している。さらに購買力平価基準の為替レートでドル換算した一人当たりのGDPを見ると、二〇二一年の日本は四万二九四〇ドルで韓国は四万六九一八ドル。つまり韓国のほうが国民の暮らしは豊かになっている、と見ることができる。

経済だけではない。最近の韓国映画やK-POPなどの世界的評価を見れば、エンターテインメントのジャンルにおいても、日本が韓国から大きく引き離されていることは明白だ。もちろん、貧富の格差や財閥の寡占状況、学閥社会の弊害など韓国が恒常的に抱えている問題も多いけれど、日本と比較すれば韓国が急激に伸びたことは確かだ（言い換えれば日本が停滞しているということなのだけど）。

その理由の一端を、翌日のシネマハウスで行われた『September 1923』（『福田村事件』の英語タイトル）上映後に僕は実感する。

被害と加害は反転する

何度も書くけれどQ&Aやティーチインは好きじゃない。でも映画祭の場合は長くても三〇分以内がほとんどだし、主催者側からすれば監督を招待する大きな理由なのだから、妥協して応じている。

観客席には若年層も多い。そしてQ＆Aの時間になったら、手を挙げる観客のほとんどは若い女性だ。つまり女性が元気なのだ。

評価はともかくとして、この国では二代前の大統領も女性だった。台湾の現在の総統も女性だ（その後男性に変わった）。日本の女性首相はいつ誕生するのか。まったく予測できない。というか、当分はありえないだろう。

自民党一党支配の独裁国家。そのつけは確実に表れている。ところが日本国内に暮らす多くの人はこれに気づかない。内側にいるからだ。外から見れば実感するのに。

質問は、作品の背景や社会状況などに関することが多い。日本のように、「あのカットの意味は何か」とか「テーマは何か」とか「舞台裏でどんなことがあったのか」など絶句してしまうような質問は少ない。

礼儀とか作法などのレベルではなく、興味を持つ範囲が違うのだろうと思う。

少しだけ危惧していた「なぜ朝鮮人虐殺をテーマにした映画を撮りながら、日本人が殺害された事件にフォーカスするのか」との質問はない。みなしっかりと映画の骨格とテーマを理解してくれているのだろう。

夜はまた海鮮市場。しかし今夜は肉を食べたいと僕が主張して、普段は控えめな内田竜成も海鮮はちょっと飽きています、と言うので、一行はUターンしてホテル近くの焼肉屋に向かう。ちなみに東山と共にこの映画で制作部のスタッフを務めた内田の本業は俳優で、本作では正吾（子どもを二人最初に惨殺する青年）を演じている。貧乏所帯なので他にもスタッフとキャストを兼ねた人は多い。だって規模は大きいけれど所詮は自主制作映画なのだ。肉はおいしかった。でもまたビールとチャミスルばかりを飲んで、マッコリを飲み損ねてしまった。

僕が韓国に向かう前日の一〇月七日、ハマスがイスラエルに対して大規模攻撃をしかけた。第四次中東戦争以来最大の規模だ。ニュースで知ると同時に、イスラエルからの苛烈な報復は予想できた。これを戦争と形容する人がいるけれど、軍事力はまったく違う。非対称すぎる。戦争ではない。また虐殺が始まる。

釜山にいながら気が気ではない。でも何もできない。思いあまってSNSに投稿した。

ヨルダンのパレスチナ難民キャンプにホームステイしたとき、日本人はパレスチナ問題についてどう思っているのかと問われ、申し訳ないけれどほとんどの日本人は強い関心を持っていないと思うと答えた。

しばらく沈黙してから彼は、味方をしてくれと言うつもりはない、と言った。でもせめて知ってほしい。ガザで何が起きているのか。居住するパレスチナ人たちはどんな目にあっているのか。そして私たちはなぜ故郷に帰れないのか。

加害するユダヤの民はホロコーストでは被害の民だった。加害と被害はこのようにあっさりと反転する。特に被害の側が、警戒心と自衛意識の塊となって、加害の側に転換してしまうことは多い。

次に何を撮りますかと韓国のメディアから質問されて、自分たちの被害と加害をテーマに韓国の映画制作者たちと共同制作したい、と僕は答えた。その場でふと思いついたこと。でも口にしたら、自分でもいいアイディアだと思い始めた。

コンペの発表は明後日一三日。そこでもし受賞できたら、これもまんざら夢物語ではないのだけど。

《追記》

ここまでの原稿を書いて編集担当の中野葉子にメール添付で送ってから二日後、『September 1923』はニューカレンツ部門で最優秀作品賞を受賞した。以下はトロフィー授与後の僕のコメントです。

二一年前にこの事件を知ってから、何とか作品にしたいとテレビ局や映画会社に働きかけたけれど、結果的にはすべてダメでした。でも三年前に今のチームと出会い、多くの方からクラウドファンディングで資金協力をしてもらい、さらには素晴らしい俳優たちも参加してくれて、ようやく映画にすることができました。この映画の重要なポイントは、当時の大日本帝国と、植民地化されていた朝鮮です。その二つの国で公開することができ、多くの人に観てもらっている。とても幸せです。ありがとうございます。

（二〇二三年一〇月一五日）

オウム以降と親鸞

善良で純粋な人々

『A』を公開して、それまでの肩書だった「テレビディレクター」が「映画監督・作家」に変わって数年が過ぎたころから、講演会の講師やシンポジウムのパネリスト（あるいは基調講演者）として呼ばれることが多くなった。

最初のころはとまどった。そもそも人前でしゃべることに慣れてないし、映像を撮ったり文章を書いたりすること（つまり間接話法）を仕事にしているからこそ、より直接的な表現である話し言葉を使うこと（まさしく直接話法）への違和感もあった。

でも映画監督とはいってもドキュメンタリー映画の場合は、その興行収益だけで家計を安定させることはまずできないし、書籍の印税や原稿料も、（ベストセラー作家ならばともかく）僕のレベルでは極めて不安定だ。

だから月に一回か二回ある講演会などの依頼は、（身も蓋もない言い方だけど）経済的にはとてもありがたかった。

ただ、大手企業や行政、商工会議所やライオンズクラブなどが主催する講演会の謝礼はかなり高額だけど、そうしたところからの依頼はまず来ない。圧倒的に多いのは宗教関連だ。

現に今年も、仏教系とキリスト教関連からは、もう何度も呼ばれている。ただしオールマイティではない。仏教とキリスト教以外はほぼないし、仏教においてもほとんどは浄土真宗だ。

なぜ浄土真宗から呼ばれる機会が多いのか。その理由のひとつは、宗祖である親鸞の思想や教えが、オウム以降に僕が考え続けてきたことと極めて近いからだ。

もちろん、日本最大の仏教宗派の宗祖で思想家としても傑出している親鸞と自分とを同一視することなど、さすがにできない。バチが当たる。でも地下鉄サリン事件後のオウムの信者たちを撮影して、なぜこれほどに善良で純粋な人たちがこれほどに凶悪な事件を起こしたのかについてずっと考えてきた僕にとって、親鸞の著作である『教行信証《きょうぎょうしんしょう》』や弟子である唯円が親鸞没後に書いたとされる『歎異抄《たんにしょう》』に残されている思想は、とても強く共感できた。以下は『歎異抄』第一三章の現代語訳だ。

　またあるとき親鸞聖人から、「唯円房は私のいうことを信じるのか」と聞かれたので、「もちろんでございます」とお答えしたところ、「ならば私の言うことに従うのか」と重ねて聞かれたので、「承知致しました」と答えました。すると親鸞聖人は「一千人の人を殺しなさい。そうすればおまえは往生することが確定する」とおっしゃったので、驚いて「聖人様のお言葉ですが、私のような者の器量ではただ一人でさえも殺すことができないと思います」と答えたら、「ではどうしてこの親鸞が言うことに逆らわないなどと言ったのか」と聖人は言われました。

ここまでを書いてから、唯円は師がその後に言った言葉を、以下のようにまとめている。

「何事も心の思うままに決められるならば、極楽往生のために千人を殺せと言われれば、すぐに殺せるはずである。しかし、たった一人さえも殺すことができない業縁を背負っていればこそ、おまえは他人を害することができないのだ。自分の心が善いから殺さないのではない。また、一人も殺したくないと思っていても、百人・千人を殺さなければならない業縁もあるのだ」

ここにおける「業縁」の意味を、僕は「環境設定」と訳す。つまりその人が帰属している集団の空気。それによって人は何でもする。善人がありえないほどの悪事を為す。あるいは悪人が善行を為す。言い換えれば（俗世における）善悪の基準はその程度なのだ。

ここに示される親鸞の思想は、「善人なほもて往生をとぐ、いはんや悪人をや（『歎異抄』第三章）」で示される「悪人正機《あくにんしょうき》」と併せて、この時期にオウムについて考え続けていた僕にとって、とても示唆的で重要な視点を喚起した。

築地本願寺で『A』上映の申し込み

とはいえ僕は浄土真宗の門徒ではない。親鸞の名前くらいはさすがに知っていたが、その教えなどこれまでに触れたことはなかった。

始まりはあくまでも受け身だった。『A』を発表した翌年の一九九九年、浄土真宗本願寺派から、寺院内に設置されているホールで『A』を上映したい、との申し込みがあったことで縁は始まった。

もちろんすぐに承諾したが、このときは結局、窓口だった僧侶である松本智量（現在は浄土真宗本願寺派延立寺の住職）から、「お願いしておきながら申し訳ないが、どうしてもこちら側の意見をまとめられないので、少し時間をください」との返信が来た。

……まあ無理もないよな。プロデューサーの安岡卓治は言った。築地本願寺のすぐ真下にある日比谷線築地駅は、オウム真理教科学技術省次官の林（小池）泰男（二〇一八年に処刑）がサリン散布を担当して、日比谷線の電車のドアが開くと同時に多くの乗客がホームになだれ込むように倒れる様子がテレビニュースで速報され、さらに築地本願寺から徒歩で数分の距離にある聖路加国際病院に多くの重軽傷者が搬送されたこともあって、地下鉄サリン事件のシンボルになってしまった駅だ。そんな地域にあるお寺でオウム信者のドキュメンタリー映画が上映されると知ったら、地域住民は当然反発するだろうし、寺の中でも意見は割れるだろう。そもそも無理だったんだよ。

もっともだと僕も思う。公開が終わったこの時期は、一般的なドキュメンタリー映画なら、市民が主体となる上映会が日本各地で行われる時期だった。でも『A』に対しては、そんな依頼はほぼない。奈良県橿原市の市民たちが中心となった映画同好会から上映の打診があったときは、こちらは（もちろん）OKしたのだけど、その後に同好会から「今回の話はなかったことにしてください」と連絡が来た。理由は上映会場の使用などでいつも協力してくれていた橿原市から、「この映画の上映については協力できない」と通告されたから。

このときも、まあ仕方がないよ、と安岡は言った。オウムはこの国にとってパブリックエネミーだ。そのオウムの信者たちを被写体にした映画を俺たちは発表した。映画を観てくれた人ならば、これはオウムのPR映画だとか監督はオウムを擁護しているなどの言説は的外れだとわかるはずだけど、ほとんどの日本人はこの映画を観ていない。ならば俺たちもパブリックエネミーと見なされて当然だ。

補足するが、この映画はオウムのPR映画だと自身のブログに書いたのは、ジャーナリストの江川紹子だ。でも彼女はこの時点で映画を観ていない。なぜ断言できるかといえば、彼女がこれを書いたときに映画は公開前だし、試写会の名簿に彼女の名前はない。

他にもこうした事例はいくつかあった。だから築地本願寺の上映についても、無理は当然だよな、と思っていたら、翌年にまた松本智量から、寺の委員会で最終的な了解を得ることができました、と連絡が来た。

……あきらめてなかったのか。

こうして『A』の映画館ではない初めての上映会は、築地本願寺で行われた。観客は決して多くなかったけれど、上映後に松本を含めて僧侶たちと打ち上げに参加して、僕は親鸞の思想に少しだけ触れた。

またこの時期、初めての著作となる『「A」撮影日誌—オウム施設で過ごした13カ月』が現代書館から刊行されて、担当編集者が解説を依頼した芹沢俊介が『A』と親鸞の思想の類似について言及していて、読みながらあらためて親鸞や浄土真宗について考えた。

よく知られていることだが、悪人正機などの思想は親鸞のオリジナルではなく、師である法然の思想を受け継いでいる。しかし師の教えをよりラジカルに展開した親鸞は、僧の妻帯などありえない時代に結婚して四男三女を授かり、僧侶としてもうひとつのタブーだった肉食（実際には魚だったようだが）も公然と行った。さらに、念仏はすべての人を救うとする専修念仏《せんじゅねんぶつ》の教えが他宗派から危険視され、訴えを受けた後鳥羽上皇は四人の僧侶に死罪を命じ、彼らの師である法然は土佐に、そして親鸞は越後へ流罪となった。その後は自らの立ち位置を「非僧非俗（僧にあらず俗にあらず）」と公言して、弟子はいたが教団は作らず、親鸞は布教と著述の生涯を送る。

その享年は九〇。時代を考えれば、あらゆる意味で規格外の存在だ。

そんな思いがあったからこそ、『福田村事件』の終盤で、自警団に囲まれた行商団たちに親鸞の『教行信証』の一部を抜粋した『正信偈《しょうしんげ》』を唱えさせた。

ただし僕は今も門徒ではない。少なくとも浄土信仰は持たない。でも思想家としての親鸞については、これからも敬愛し続けるだろうと思っている。

（二〇二四年二月二五日）

北京国際映画祭

ビジネスシートに思う

四月一七日午前七時。眠い目をこすりながら羽田空港第三ターミナルに着いた。八時五〇分羽田発JAL021便に乗らなければならない。今年で一四回目となる北京国際映画祭に『福田村事件』が招待されたのだ。

カウンターでチェックイン。渡されたチケットの左上には「business」と記されている。二度見したかも。だってビジネスだ。

送られてきたeチケットをあらためて読み返す。確かにちゃんとビジネスシートと書いてある。気づかなかった。というか、ちゃんと読んでいなかった。

マニュアルを読むことが苦手だ。いや苦手のレベルじゃない。ほぼ読まない。世の中はマニュアルを読む人と読まない人に二分される。僕は後者だ。年末の商店街のくじ引きで当たったタニタの体重計すら、マニュアルを読めないのでいまだに使えない。最初の設定ができないのだ。マニュアル読まない派とマニュアルしっかり読む派がもしも戦争したら、マニュアルしっかり読む派が圧勝するだろうな。だってマニュアル読まない派はドローンや戦車の操縦もできないしミサイルも撃てない。

とにかく生涯で二度目か三度目のビジネス。一度目はいつだろう。二〇年ほど前に勤めていた大学の仕事でウランバートルに行ったとき、(姉妹校を締結する予定だったモンゴルの学校の教員が同乗していたからだと思うが）渡されたチケットはビジネスだった。二度目はその数年後、講談社が企画した姜尚中東大教授（当時）との対談の仕事でポーランドやドイツに行ったとき、ウィーンの空港から成田に戻る予定だったが、担当の編集者が姜とカメラマンと僕のチケットを持ったままチェックインに遅れてしまい、やむなく翌日のビジネスをとったのだ。

つまり一回目も二回目も、一人ならばビジネスには乗れなかったはずだ。いわば漁夫の利。あるいは虎の威を借る狐。でも今回は誰かの権威に頼ったこれまでとは違う。

……と胸を張りたいけれど、よく考えたら今回のビジネスも自分の器量ではない。北京国際映画祭は国家行事でもあるから、中国政府の恩恵を受けたとの見方のほうが妥当だ。

これまで五〇カ国以上は訪れているけれど、その内訳はすべて仕事と映画祭とピースボートだ。つまり身銭で旅費をまかなったことは一度もない。すべてチケットは与えられてきた（だからいまだに航空券の買い方がよくわからない)。もしも次の人生があるのなら、年に一回くらいは（身銭をはたいて）海外でバカンスをとれるような人生を送りたいと切に思う。

チェックインを済ませて保安検査場に行けば長蛇の列。でも案内板をよく見れば、ビジネスとファースト用の通路がある。そこは誰も並んでいない。この通路に進んでいいのだろうか。チェックの際に、おまえは違うとか身の程を知れとか言われないだろうか。

びくびくしながら係員にチケットを示せば簡単に通れた。気のせいか保安検査場の係官たちの態度も何となく丁寧だ。そういえばチェックインのときに「搭乗までラウンジで休んでください」と言われたことを思い出した。朝四時起きだから空腹だ。通路脇の売店でサンドイッチを買ってゆこうかどうしようと悩みながらサクララウンジに着いて扉を開ければ、広い室内にはビュッフェ形式の朝食が用意されている。しかもなかなか豪華。何よりも無料だ。その隣にはアルコールのコーナーもあって、ワインやビールが飲み放題（さすがに早朝から飲む気にはならなかったけれど）。

ビジネスですらこの待遇なのだから、ファーストについてはまったく想像もつかない。アラブの大富豪のような時間を過ごせるのだろうか。深々とした椅子に座ってクロワッサンとサラダとスープの朝食をとりながら考える。エコノミーとビジネスとファースト。飛行機のシートの選別は、普段はそれほど気にしないで暮らしている経済的な格差を、これ以上ないほど露骨に可視化するシステムだ。言ってみれば大日本帝国時代の二等国民や三等国民。アジアやアフリカを支配していた欧米の植民地主義。バスのシートまで区分けしていたアメリカの黒人差別。なぜこんな前近代的なシステムは廃止しようと誰も言い出さないのだろう。新幹線のグリーン車ですらそわそわと腰が落ち着かないというのに、日常的にビジネスやファーストを利用できる人たちは、どんな意識になるのだろう。自分は特権階級だと思い込んでしまう人もいるかもしれない。政治家はその典型だ。

そう言えば一緒に行くはずの小林三四郎プロデューサーの姿が見えない。遅刻したのだろうか。ならば一人で行くことになる。でも搭乗直前にゲートに行けば、ぎりぎり間に合ったとスマホにメッセージが届いた。映画祭が用意した彼のチケットはエコノミーだという。職業差別だと怒っている。

搭乗すれば椅子はゆったり。足を伸ばせるどころか、リクライニングを使えば完全に横になれる。北京まではほぼ三時間のフライト。短すぎる。これなら一〇時間でもかまわない。

ワインを飲みながら『ゴーストバスターズ／アフターライフ』を観る。モニターもエコノミーよりはずっと大きい。映画は凡作だったけれど、ダン・エイクロイドとビル・マーレイ、ハロルド・ライミスのオリジナルメンバーの顔は懐かしかった（ただしハロルド・ライミスだけは十年前に逝去しているので、ＣＧで再現されている）。

北京に着く一時間前に、見逃していた『バービー』を見つける。三〇分だけ観て（バービーがバービーの国から現実にトリップするまで）、もっと早く観始めればよかったと後悔する。北京まであと二〇分しかない。まあ帰りもＪＡＬでビジネスだから、おそらく残りを観られるはずだ。

空港のバゲージクレームで小林プロデューサー、映画祭スタッフの高さんと合流。迎えの車に乗って宿泊先のホテル「ワンダビスタ」に向かう。ホテルでは日中映画祭実行委員会の耿《コウ》忠《チュウ》理事長が迎えてくれた。部屋でしばらく休憩してから、午後六時に指定されたレストランに行けば、坊主頭で大柄な男が手を上げながら立ち上がった。李纓《リイン》だ。日中映画祭実行委員会のメインスタッフである彼は、二〇〇八年に公開されたとき上映中止運動が起きて大きな話題になった映画『靖国 YASUKUNI』の監督でもある。会うのはそれ以来だ。

青島ビールを飲みながら広州料理を食べる。日本映画や中国映画の現状について話し合う。食事を終えて三人はタクシーで次の店に向かう。紫禁城のすぐ後ろの湖（什刹海）の周囲の繁華街は、平日の夜だというのに人出がすごい。ここで中国の映画研究者（名前は忘れてしまった）と合流し、男たち四人はバーでウィスキーを飲む。

深夜にホテルに戻る。部屋でWi-Fiを繋ぐがGoogleはまったく繋がらない。LINE、Facebook、XなどＳＮＳもまったくダメ。YouTubeも繋がらない。Outlookでかろうじてメールのチェックはできる。Yahoo!の画面は出るしYahoo!ニュースも見出しをクリックして記事を最後まで読むことはできるけれど、なぜか検索はできない。スマホでWhatsAppは時おり繋がるけれど、繋がらないときもある。しかも小林プロデューサーの部屋では、このネット環境が微妙に違うようだ。さらにスマホとＰＣもやっぱり違う。つまり規則性がわからない。

検閲は基本的にはＡＩがやっているが、中国政府は通信を監視するために五万人以上のスタッフを配置していて時おり人為的な判断をしています、と中国のスタッフに聞いた。実際のところはわからない。これまで『Blue Island 憂鬱之島』や『デニス・ホー　ビカミング・ザ・ソング』など多くの反体制香港映画の配給や製作に関わってきた小林プロデューサーは、「自分はいつ拘束されてもおかしくないよな」などと半ば冗談（ということは半分は本気）でつぶやいている。

映画は観た人のもの

国際映画祭初日。レッドカーペットを歩かねばならない。ホテルの玄関で待っていた送迎車に乗って、北京郊外にある北京延吉湖国際会議展覧センターに向かう。一時間ほどのドライブ。到着して驚く。何の冗談だと言いたくなるほどに巨大な建造物だ。そしてものものしい警備。防弾チョッキを着用した警官だけでも数十人はいる。セキュリティチェックも厳しい。俳優も監督もプロデューサーも、みなX線検査を通過しないと中には入れない。

レッドカーペットの周囲には数百人の観客たち。こんな不便な場所までよく来るなあと思っていたら、中国側のスタッフが「あの人たちのほとんどは一般人ではないはずです」と僕に言う。

「そうなの？」

「政府関係者の招待です」

これも実際のところはわからない。とにかくグレイゾーンが多すぎる。もちろんグレイゾーンは大切だ。でも法やシステムの場合は、できる限り境界をクリアにするべきだ。そこで気づく。特に人の動きや思想を取り締まる法やシステムの場合は、グレイゾーンが大きければ大きいほど効力は増大する。忖度《そんたく》の領域が大きくなるからだ。

こうしてこの国の多くの人は（もちろんすべてではない）、ある一線で思考や煩悶を止めている。なぜなら主語は常に国家か政府。自分たちが主権者であるという意識は薄い。

それがあきらめなのか、あるいは自由な表現や報道が規制された環境に馴化《じゅんか》されているからなのか、あるいは（多くの中国の知識層が言うように）過渡期ゆえの一段階だと思っているのか、僕にはわからない。おそらくはひとつではないだろう。とにかくレッドカーペットを歩く。多くのメディアから写真を撮られる。セレモニーはここで終わり。ホテルに戻りましょうとスタッフに言われる。でもまだ多くの俳優や監督たちが後ろにいるし、式典は終わっていない。そういう僕に、「まだ一時間は続きますよ」とスタッフは言った。「それから来賓紹介です、市長とか行政局の偉い人たちとかの長い挨拶を聞きたいですか」

「帰っていいの？」

「みんなレッドカーペットを歩いたらさっさと帰ります」

法やシステムには従うけれど、それ以外の領域ならば自分の基準や判断を優先する。もしもここが日本なら、ほとんどの人は律義に最後までいるだろうな。たぶんここは日本人と中国人の大きな違いだ。集団化しやすいことは共通しているけれど、身も心も集団の一部になる日本人とは違い、中国人は一人ひとりの個が強い。

ホテルに戻って軽い夕食を済ませてから、ホテル横のワンダシアターに向かう。『福田村事件』一回目の上映だ。

六〇〇ほどの客席はフルハウス。入りきらずに帰した客も大勢いたという。終わる直前にひとつだけ空いていた椅子に座ってすぐに驚いた。後ろから蹴られたのだ。反日の人だろうか。ふざけるなよ日本鬼子《リーベンクイズ》、こんな映画を作りやがって。上映が終わったら殴られるのだろうか。参ったなあ。でもこの映画だってどちらかと言えば反日なのに。

……あれ。どうも様子がおかしい。蹴られているのではなく撫でられている。まるでマッサージのように。そこで気づく。椅子の背にマッサージ機器が埋め込まれているのだ。

上映が終わってから、小林とステージに上がる。司会からマイクを渡されて最初に、マッサージに驚きました、と言えば場内は大爆笑。これでよい。上映後のトークは好きではない（上映前は論外）。だって質問に答えたくない。だからこの日も僕はいくつかの質問に対して、想田和弘直伝の「あなたはどう思いましたか」と切り返した。

「映画は観た瞬間にその人のものになります。もちろん僕の意図はあります。でもそれは言いたくない。答え合わせなどしたくないし、そもそも正解もないと思っています。あなたの解釈でいいんです」

どちらかといえば素っ気ない態度だったと思うけれど、質疑応答を終えてステージから降りようとしたら、チケットやチラシを手に多くの人たちが集まってきてサインを求められた。これほど多くの人たちから歓迎されたことは、日本でもちょっと記憶にない。

ホテルに戻ってから、耿忠さんともう一人の女性スタッフ、小林と四人で天安門近くの屋台街に行く。屋台と聞いていたけれど正確には屋台ではない。雰囲気としては西荻窪の飲み屋ストリートだ。そのうちの一軒でぬるい北京ビールを飲みながら（たまたまこの店が冷やしていなかっただけで中国一般の慣習ではない）、水餃子に揚げたピーナッツにピータンなどを食べる。でも食べきれない。一皿のボリュームが圧倒的すぎるのだ。途中から李纓も合流して、ビールをパイチュウ（白酒）に替える。アルコール度数は四五度。よく飲みよく食べた。

人は失敗して成長する

翌四月一九日は、日本映画週間のオープニングセレモニーだ。今回選ばれた四作品は、『不死身ラヴァーズ』(監督・松居大悟)、『白鍵と黒鍵の間に』(監督・冨永昌敬)、『愛にイナズマ』(監督・石井裕也)、そして『福田村事件』だ。北京英皇電影城のIMAXスクリーンの前でぎっしりと埋まった観客席に挨拶して、その後は日本国大使館が後援する歓迎レセプションが行われた。金杉憲治特命全権大使など大使館職員たちに挨拶される。

その合間にメディアからの取材。一人の中国人記者に「好きな中国映画は?」と質問されて、僕は岩波ホールで観た『山の郵便配達』を挙げた。半分はそのときの気分。違うときに質問されていたら、チャン・イーモウの『初恋のきた道』と答えていたかもしれないし、フー・ボーの『象は静かに座っている』を挙げていたかもしれない。本当はチャウ・シンチーの『少林サッカー』がいちばん好きなのだけど、あれは香港映画だ。

それから三〇分後、一人の男性が目の前に現れた。

「『山の郵便配達』の監督の霍建起《フォジエンチィ》さんです」

そう紹介されて唖然。ドッキリカメラかと思った。出来すぎだけど偶然だ。霍監督も式典に一緒に参加する予定だったのだ。「あなたの映画を絶対に観るよ」と霍監督は言ってくれた。

式典では、金杉大使に続いて中国映画業界や東京国際映画祭のトップたちの挨拶が続き、その後に壇上でスピーチを促された僕は、『福田村事件』の意義を質問されて、以下のように答えた。

「人は失敗して成長します。もしも失敗を記憶せずに、運動会で一番になったとか一流大学に入ったとか仕事で大きな契約をとって社長賞をもらったなど成功体験ばかりを記憶している人がいたらと想像してください。薄っぺらで魅力のない人になっているはずです。国も同じです。失敗や加害の記憶から目を逸らすべきではない。でも今の日本はそうなっています。本来なら教育とメディアがこうした記憶を維持するための装置だけど、もしもメディアと教育が畏縮していているならば、映画がその役目を担う。そんなことを思いながら、この映画を作りました。そして僕から見ると、今の中国も日本と同じです。負の記憶を忘れようとしている。成功体験ばかりを歴史に残そうとしている。ならば同じ過ちをまた繰り返します」

通訳の王さんが終盤で激しくむせてしゃべれなくなってしまい、まずいことを言ったのでしょうか、と思わず言えば場内は大爆笑。終わって多くの中国映画関係者たちから、「とても良いスピーチだった」と肩を叩かれた。ただし中国メディアが伝えるのは前半から中盤まで。王さんがむせた終盤のフレーズは絶対に伝えないと多くの人に言われた。

翌日、スケジュールをすべて消化して東京へと戻る。ビジネスのシートで『バービー』の残りを観たけれど、展開する男社会やマチズモへの反発が何となくベタベタで平面的でつまらない。実のところ終盤はリクライニングが快適すぎてほぼ寝ていたので、機会があればもう一回観てみよう。

（「森達也のＦＡＫＥな世界」二〇二四年五月二二日）

II

リアリティとフィクションの狭間で

嫌な奴だと思っていたら嫌な奴に編集できる

アングルとフレーム

虚実に惹かれ続けている。いやこの表現は不正確だ。もっと厳密に書けば、虚実の狭間《はざま》に惹かれ続けている。

と勢いのままに書いたけれど、ふと気になって狭間の意味を調べたら、「ものとものとのあいだの狭いエリア」や「隙間」などと説明されている。ならば狭間はここで使われるべき言葉ではない。虚と実のあいだは狭くない。無限なほどに広い。だから「虚と実のあいだにあるエリア」、あるいは「虚と実のあいだのグラデーション」と書き直す。

僕は虚と実のあいだのグラデーションに惹かれ続けている。

なぜ惹かれるのか。理由は二つある。ひとつはドキュメンタリーを撮ることを仕事にしていたからだ。

テレビ時代の僕のポジションはディレクターだ。ドキュメンタリーや報道系の番組のロケの場合には、ディレクターとカメラマン、照明や音声を担当するVE（ビデオエンジニア）などによって撮影チーム（ENG）が編成されることが一般的だ。しかしオウム真理教の信者たちを被写体にしたドキュメンタリーを撮る過程で局から撮影中止を命じられ、ENGを帯同することができなくなった。

カメラマンがいないのなら自分で撮るしかない。幸か不幸かこの状況に追い込まれた一九九六年は、デジタルビデオカメラの民生機が一般に普及し始めようとしていた時期でもあった。こうして自分自身でカメラを手にしたことで、ドキュメンタリー作品で再現される世界は、カメラが現実から選んだアングルとフレームによって切り取られた世界なのだと実感した。そのカメラを操作するのは自分自身だ。つまり主観。ここに客観などありえない。

もっと早く気づけよと自分でも思うけれど、『広辞苑』でもドキュメンタリーについては、「虚構を用いずに、実際の記録に基づいて作ったもの。記録文学・記録映画の類」などと定義されているし、先輩ディレクターやプロデューサーたちからは事あるごとに、「客観性はドキュメンタリーにおいて何よりも重要だ」とか「公正中立を忘れるな」とか「おまえの作品はわかりづらい」などと言われ続け、ドキュメンタリーは公正中立で虚構など欠片もなく客観的でわかりやすい表現をするものなのだと愚直に思い込んでいた。

だからこそ、カメラを手にオウム真理教の施設に一人で入ったときの衝撃と覚醒は大きかった。

補足するが、意図的で作為的な要素は、撮影時のアングルやフレームだけに限定される訳ではない。撮った映像は必ず編集される。つまり取捨選択が行われる。このときに編集の主体であるディレクターの主観は当然ながら反映される。同じ素材でも編集する人が三人いれば、それぞれ三通りの作品になる。

なぜならば、映像の編集はモンタージュを基本としている。違うカットの組み合わせで意味を作るのだ。作る側の意図と作為がなければ成り立たない。まったく同じ素材から被写体を冷血で悪辣《あくらつ》な人に描くこともできるし、底抜けの善人に描くこともできる。そしてその選択は、撮影や編集をするポジションにいる側からの、被写体に対する主観の反映なのだ。言い換えれば解釈。嫌な奴だと思っているなら嫌な奴に編集する。意図的ではなくてもそうなってしまう。もちろん、好意を持っているなら善人に編集するだろう。

映像だけではない。好意を持つ誰かの笑顔を思い浮かべるとき、あなたは副詞としてニコニコを思い浮かべるはずだ。でも嫌いな人ならば、その笑顔はニヤニヤに見える。どちらの副詞を使うのか、その選択は書いている人の解釈に依拠している。それは文章にも反映される。人を殺して逮捕された容疑者が笑うならニヤニヤ。憧れの俳優が記者会見で笑うならニコニコ。もちろん新聞記事などでニヤニヤやニコニコなどの副詞を使う記者はまずいないと思うけれど、このニュアンスは絶対に滲《にじ》む。

イメージの刷り込み

かつてオウム真理教の信者たちを被写体にしたドキュメンタリーを撮っていたとき、記者会見の様子を伝える民放テレビの情報系番組が、荒木浩広報副部長の一瞬の笑顔をインサートしながら「(教団幹部は) 喜色満面でこの発言」とナレーションをつけていた (このシーンは『A』で観ることができる)。

実際に記者会見のその場に僕はいたけれど、使われたその映像は、唐突な記者の質問に荒木が一瞬だけ苦笑した瞬間だった。少なくとも「喜色満面」というフレーズが適合するような状況ではまったくない。

時おり荒木はメディア関係者や敵対する人に対して微笑む。優しいのだ。だから撮影中に、僕は何度か荒木に言った。メディアのカメラが向けられているときは笑わないほうがいいですよ。そう言う僕に荒木は、それは他の方からも言われています、と考え込んでいた。とにかく記者会見の場で荒木は、一回だけ苦笑した以外はずっと沈痛な表情だった。でもテレビを観ている人にはそんなことはわからない。こうしてニヤニヤとほくそ笑む教団幹部のイメージが刷り込まれる。

撮ったり書いたりする側の作為を盛り込むことを僕は否定しない。というか (ここまで書いたように) 否定などできない。僕は被写体に干渉する。その変化を撮りたいからだ。ただし自分は公正中立でもないし客観的でもないという負い目は必要だ。その負い目を持たないからこそ、一般的なテレビ番組はこれほど稚拙で浅薄な作為や誘導を躊躇《ためら》いなく加えてしまう。いずれにしてもここには、表現における公正中立や客観性などは欠片もない。

さらにもうひとつ蛇足で補足すれば (足ばかりだ)、笑わないほうがいいですよとアドバイスしたことをここにぬけぬけと書くように、被写体に干渉することを僕は隠さない。というか隠したら面白くない。ドキュメンタリーは撮る側と撮られる側の相互作用だ。その過程が面白いのだ。隠す気などさらさらない。

虚実に惹かれ続けているもうひとつの理由は、所属していた制作会社と上司の指示に背いてオウムを撮り続けたことで、結局は会社を解雇されて一人になってしまったことの影響も大きい。

仕事の現場ではそれまで局や制作会社や撮影クルーが主語だったのに、強制的に一人称単数が主語になってしまった。テレビなどがナレーションでよく使う「我々は○○に向かった」ではなく「僕は○○に向かった」。この違いは大きい。主語が一人称単数に変われば述語も変わる。その述語が自分自身にフィードバックする。それまで正しいと思っていたことの別の側面が見えてくる。新たな視点だ。そして気づく。世界は複雑だ。多面的で多重的で多層的なのだ。僕たちはそのひとつを無自覚に選択しているに過ぎない。

それは僕にとっては真実かもしれない。でも真実は人の数だけある。彼が善い人か悪い人か、その解釈は人によって違う。本人にとっては実であっても、他の人から見たら虚に見えるだろう。それが世界だ。集団に埋没していたらそれがわからなくなる。人は集団から離れられない生きものだけど、時には一人になったほうがいい。

現象に立ちどまって「あるのはただ事実のみ」と主張する実証主義に反対して、私は言うであろう、否、まさしく事実なるものはなく、あるのはただ解釈のみと。(中略)

総じて「認識」という言葉が意味をもつかぎり、世界は認識されうるものである。しかし、世界は別様にも解釈されうるのであり、それはおのれの背後にいかなる意味をももってはおらず、かえって無数の意味をもっている。

世界を解釈するもの、それは私たちの欲求である、私たちの衝動とこのものの賛否である。いずれの衝動も一種の支配欲であり、いずれもがその遠近法をもっており、このおのれの遠近法を規範としてその他すべての衝動に強制したがっているのである。

（『ニーチェ全集13　権力への意志（下）』ちくま学芸文庫、一九九三年）

事実はない。あるのは解釈だけ。ほぼこれに尽きる。僕はニーチェほどに思慮深くはないが、ずっとテレビの仕事をしてきて初めて映画を撮る過程で、バカはバカなりにいろいろ考えた。強制的に考えざるをえない局面に追い込まれた。そしてようやく気がついた。

まとめよう。視点や解釈は無数だ。絶対にひとつではない。僕の作品は僕の視点と解釈で作られている。そしてあなたは、僕の作品をあなたの視点で解釈する。

こんなことあらためて書くまでもないことかもしれない。とても当たり前のこと。でもひとつだけ思ってほしい。様々な解釈と視点があるからこそ、この世界は自由で豊かで素晴らしいのだと。

天皇小説

天皇家のフィクション

　お二人は相当にお親しいのですか。微笑みながら三人の会話を聞いていた明仁が、克也と桜子に言った。はい昔からよく知っています、と桜子が答える。私たちも昔からよく知っています。そう言って天皇と皇后は顔を見合わせる。もちろんお二人にはかないません、と桜子が微笑む。じゃあ行きましょうか、と立ち上がりかけた皇后に、あの、と克也は言う。カメラはどのタイミングで回せばいいですか。

　お任せします。一拍を置いてから天皇が言った。いつでもどうぞ。今この場から撮影を始めてもいいですか。問題ありません。立ち上がりかけた皇后が、大切なことを思い出したかのような表情で克也の顔を見つめる。

「その前に決めることがあります。お二人は私たちを何と呼びますか」

　質問の意味がとっさにわからず皇后の顔を見つめる克也に、「けっこう大事なことだと私たちは思っています」と天皇が言った。

「……陛下です」

そう答える克也に、「だってどちらも陛下よ」と皇后は真顔で言った。少し考えてから「では、天皇陛下と皇后陛下でしょうか」と克也は自信なさそうに言う。

「堅苦しいし長すぎるわ」

「名前で呼んでください」と天皇が言った。「明仁と美智子です」

「いや、さすがにそれは無理です」

「さん付けすればいいかしら」

「そういう問題じゃなくて」

「私は中学生のころにバイニングさんからジミーと呼ばれてましたよ」

「それはあだ名です」と克也が言う。

「あだ名はチャブです」

「年上の方をファーストネームで呼ぶなど、普通に考えても失礼です」

「でも私たちにはファミリーネームがないのよ」

いきなり引用から始めたけれど、これは、僕が二〇二二年に上梓した『千代田区一番一号のラビリンス』（現代書館）の一場面だ。ざっくりとその内容を要約すれば、譲位直前の明仁天皇と美智子皇后が、皇居の地下で発見した迷宮を探検する物語だ。引用した場面は、テレビディレクターの克也と恋人の桜子が、天皇夫妻に皇居の一室で初めて会うシーン。

……自著を自分で説明などすべきじゃない。なんかぎくしゃくしている。どうにも筆が進まない。でもこの引用がないと先に進めない。

とにかく天皇夫妻を主人公にした小説は、これまでなかったはずだ（『風流夢譚』はまったく違う）。設定もストーリーもむちゃくちゃ面白いと自分では思っていたが、予想どおりというかなんというか、書評はほとんど出なかった。

二人を主人公にしたフィクションを発想したのは一〇年近く前だ。書きながら出版社を訪ね歩いた。でも（結果から書けば）そのすべてに断られた。

ただし、天皇と皇后が実名で登場する小説など掲載できません、と正面から断られたことは一度もない。理由がよくわからない。困った。発表の場が見つからない。このあたりで僕はようやく気づく。自分は二十数年前と同じことをくりかえしているのだと。

オウムのドキュメンタリーが制作中止だったわけ

当時、撮り始めたばかりのオウム真理教のドキュメンタリーは、まずは放送予定だったフジテレビから放送を拒絶され、さらに所属していた番組制作会社からは制作中止を言い渡され、あきらめきれずに休日に撮影を続けていたら「会社にとって危険な活動をしている」との理由で解雇された。数日分の撮影済みの映像をざっくりと編集して在京キー局の報道やドキュメンタリー番組の担当者を訪ねたが、そのすべてから局として協力することを拒まれた。このときはテレビ局だけではなく、他の番組制作会社や出版社の映像事業部まで回ったが、やはり結果は同じだった。

ただし最初の感触は悪くない。電話などで概要を説明すれば、とりあえず興味を示されることがほとんどだった。なぜなら当時のオウムは、まだまだメディアにおいてはキラーコンテンツ。信者たちの日常が本当に撮れたのですかなどと驚嘆される。でも後日に映像を見せたら、しばらく黙り込んでから「これはちょっと無理です」と言われる。その繰り返しだ。このときも「ちょっと無理な」理由を明確に説明された記憶はないが、見たくないものを見てしまったという雰囲気は、今回と何となく共通していたように思う。

オウムのドキュメンタリーの放送と制作を拒絶されたときは、所属していた番組制作会社の制作部長から、オウムを悪として描こうとしていない、と言われた。たぶんこの理由は、他のテレビ局の人たちも口にしないだけで同じだろう。〝邪悪で凶暴で冷酷なオウム信者〟でなければ、テレビでは放送できないのだ。

でもならば、大手出版社が天皇小説を拒絶する理由は何だろう。天皇と皇后は日本において公人中の公人だ。読んでもらえればわかるけれど、名誉を毀損《きそん》するような書き方もしていない。そもそも僕は明仁天皇と美智子皇后が大好きなのだ。なぜ大好きなのか。その理由を考えようと思って書き始めた小説だ。少なくとも右翼が怒るような内容ではない（と思う）。ならば何がダメなのか。いくら考えてもわからない。

いやそれは嘘だ。僕には（何となくだけど）わかっている。論理ではないのだ。現在の天皇と皇后が主人公となる架空の小説。しかも舞台は現在の日本と地下の黄泉《よみ》の国だ。おそらく右翼は怒らないとか名誉棄損には当たらないだろうと何となくは思ったとしても、前例がないだけに何が起きるのかわからない。想定外の事態に自分や会社が巻き込まれるかもしれない。そんな懸念が働くのだと思う。

最終的に僕は、(僕にとって)最初の本となる『「A」撮影日誌』の版元だった現代書館の菊地泰博社長に原稿を見せた。出しましょうと菊地は即答した。メール添付で送付した翌日だ。さすがに不安になって、その後に会って打ち合わせしたときに、これまでの経緯を詳細に説明した。

「それでも、この内容で大丈夫ですか」

「大丈夫です。というかねえ、私はこれまでの人生で、小説はほとんど読んだことがないんだよね。だから他の版元がこの小説の何がダメと言っているのかよくわからない」

「菊地さん、小説読んだことないのですか」

「ほぼないです」

「出版社の社長なのに?」

「ルポとかノンフィクションとか学術書は、浴びるほど読んでます。絵空事がダメなんです。でも森さんの天皇小説は単純に面白かった。出しましょう」

こうして明仁と美智子の小説は現代書館から出版されることが決定した。ただし現代書館には文芸誌はないから書き下ろしという形になる。タイトルは菊地が「ラビリンス」を提案し、僕は「千代田区一番一号」を入れたいと思い、二つをミックスした。ちなみに菊地からは、原稿についての注文はほぼなかった。

「本当に大丈夫ですか。右翼が襲撃するとしたら、まずは版元ですよ」

「私はこれまでの人生で、小説はほとんど読んだことがないんです」

「いやでも、それは言い訳にならないですよ」

「まあ来たら来たで仕方ないかな」

神経が太いのか鈍いのか。たぶん両方だ。でもそれは自分だって同じ。まあ逆に言えば、この程度のリスク管理やセキュリティ意識だから、この本を書けるし出版もできるのだ。

とはいえ刊行する直前には、やはりそれなりに緊張した。法や道義的に問題ないとしても、前代未聞の書籍であることは確かなのだ。でもその後はあっけなかった。抗議などどこからも来ない。それはいいのだけど、新聞や雑誌に書評もほぼ載らない（小さな書評は二つくらいあった）。

要するに黙殺だ。抗議がなくて当たり前。街宣車に乗る人たちに届いていないのだ。おそらくは存在すら知らないのだろう。

まあでも仕方ないかと納得する。この本の書評が普通に出回る社会ならば、この本の意味がその瞬間に変わってしまうかもしれない。『A』も同じだった。試写会には入りきれないほどに多くのメディア関係者が来たけれど、彼らの感想が活字になることはほとんどない。つまりパブリシティが出ない。東京ではBOX東中野（現在はポレポレ東中野）で上映されたけれど、映画雑誌の『ロードショー』はその月の映画館スケジュールでBOX東中野のスペースを空欄にした。当然ながら公開後の動員も振るわない。その後も市民が主体の上映会などが企画されたけれど、会場である公共施設から上映を断られるなどの事態が何度か続き、ビデオ化も何年も進まなかった。あとで聞いたけれど、レンタル大手のTSUTAYAが「この作品がビデオ化されてもうちは置かない」と宣言していたらしい。「有名だけど誰も観ていない映画」と書いたのは文芸評論家の福田和也だ。

……とここまでを書きながら、ふと思いついてAmazonで『千代田区一番一号のラビリンス』をチェックして驚いた。レビューの総数は確認した時点で九三。重版は一回だけなのに、このレビュー数はありえないほど多い。やっぱりこれも『A』公開時と似ている。観た人の感想はとにかく強いのだけど、それが広がることはほぼない(当時はAmazonもSNSもまだ普及していなかった)。

自民党と電通

……自分が何を書こうとしていたのかわからなくなってきた。脇に逸れすぎたのだ。少し考える。ああそうか。とにかく『千代田区一番一号のラビリンス』本文に戻る。

テレビディレクターの克也はドキュメンタリーのために天皇夫妻を撮り始めるが、一日目の撮影が終わったあとに、美智子と桜子がほぼ同じタイミングで失踪する。迷宮にいる何ものかに二人が拉致されたと考えた明仁と克也は、迷宮のさらに奥に入ってゆく。以下はその途中の一場面だ。

「撮影するならば、私が先を歩いたほうがいいですね」

カメラを手にした克也に、明仁が確認するように言った。指先で録画スイッチを押してモニター画面を開きながら、「大丈夫です」と克也は言った。明仁の背中が映り込んでいるカットは前回にたっぷり撮っている。少し変化がほしい。

カメラを構えた克也が先を歩いて20メートルほどの距離に近づいた。ファインダーの中の何かは動かない。さらに近づく。同時に霧が少し晴れた。ファインダーの中の何かは人でもないしカタシロでもなかった。三叉路に分かれる道の方向を示す標識だ。高さは1メートルほどで白いペンキが塗られている。ただしその形は、ホームセンターで買ってきた板の端切れを適当に組み合わせて作ったかのようにとても歪だ。三方向を示す板の上には子どもが書いたような字で「自民党」と「電通」、そして「高天原」と記されている。カメラを構えながら克也は標識に近づいた。その背後で明仁が、困惑したように言った。

「高天原」はともかくとして、なぜ残る二つの方向は「自民党」と「電通」なのか。自作を自分で分析することは難しいけれど、おそらく作者はこのとき、この国の戦後史における上部構造を示したかったのだと思う。

もちろん、最初にこの部分を書いた時期は、東京五輪の際の電通を中心とした談合問題が表沙汰になるずっと前だ。でもこの国で政府（自民党）が主導する大きな催しがあるときは、必ず電通が中心にいる。その程度は知っていた。蛇足を承知で補足するが、自民党はともかく電通については、長くテレビの世界にいた僕の私的な感覚だ。あるいは直感。でも実際にそう思う。第一次安倍政権以降の安倍元首相に、ずっとスピーチやプレゼンの仕方などを個人教授のように教えていたと語る電通幹部に会ったことがある。悪びれるわけでも言い澱むわけでもなく、当然の業務の一環のように話していた。

自民党と電通。今さらといえば今さらだ。なぜいきなりこんなことを考えたのか。たぶんというか間違いなく、タイの総選挙のニュースを最近見たからだ。

事実上の軍政が続くタイの総選挙で、反軍政や王室改革などを主張する革新野党系の前進党が第一党となった。その支持層は若者たち。四二歳のピター前進党党首が、近い将来において首相に指名される可能性が高まっている。反軍政はともかく、王族に対する不敬罪を廃止するなどの主張は、タイでは国民感情との摩擦が大きいはずだ。でも若い世代の多くは、その決断をした。つまり新しいシステムを求めている。求めて実際に投票で、その意思を示している。

ニュースを見ながら吐息が漏れる。今さらだけど日本は、なぜ自民党から離脱できないのか。自民党を選び続けるのか。

安倍政権を踏襲する岸田政権は、敵基地攻撃を前面に打ち出した安全保障政策の大転換に防衛費の大幅増額（五年以内に二倍）を、国会ではなく閣僚（つまり身内）だけの会議で決定し、武器輸出三原則はもはや過去の遺物となりつつある。圧倒的与党だから何でもできる。まさしく万能だ。安倍元首相が国会で「総理なので森羅万象すべて担当している」と発言したときはさすがに驚いたけれど、もちろんギャグでもなければアイロニーでもない。本気なのだ。法案はほぼすべて通る。選挙は圧勝。約九年間の任期中は、万能感に酔いしれていただろう。

もしも（というかこのままゆくなら間違いなく）防衛費二倍が達成されるなら、現在のロシアを超えて日本は世界三位の軍事大国となる。非戦の国はどこへ行ったのだ。アメリカへの従属はこれまで同様だし、原発再稼働や運転期間の延長など原発回帰も露骨だ。

ロシアに中国に北朝鮮にベラルーシにイラン。専制的で独裁的な政治体制をとっている国家のほとんどは、長期にわたって政権交代が起きていない。当たり前か。だから独裁なのだ。だからもう一回書く。なぜこの国は自民党を選び続けるのか。一党支配の国ではないし国政選挙も実施されているのに、結果的には独裁的な国家と同じような政権状況が、特に五五年体制以降は（一九九三年の細川連立内閣と二〇〇九年の民主党政権時代は別にして）ずっと続いている。念のために補足するが、自民党を目の敵にしているわけではない。仮に立憲民主党や共産党がずっと政権を持ち続けるなら、僕は同じことを言うはずだ。なぜなら権力は必ず腐敗するし暴走する。

ここまでの文章を書いてから一年が過ぎた。以下にその後から現在までに起きた関連の動きを補足する。

タイで首相就任が確実視されていたピターは、彼に反発する親軍派や保守派の妨害工作を受け続け、ついには親軍派や保守派の意向を受けた選挙管理委員会憲法裁判所が、ピターの議員資格を一時停止することを決定した。つまり旧勢力にピターはつぶされかけた。しかし二〇二四年一月に憲法裁判所はピターに対する議員資格一時停止措置の無効を宣言し、議員資格の回復を認める判断を下している。

アメリカの大統領選は二〇二四年一一月。現時点では、このままだと共和党（つまりトランプ）が勝利する可能性が高い。つまり政権交代が起きる。七月四日に行われたイギリスの総選挙でも、野党だった労働党が地滑り的勝利を収め、政権交代が起きた。同月七日のフランス下院選挙では、左派連合が第一勢力となり、マクロン大統領の与党連合、極右の国民連合会議が続いて、今後の政権運営は大きく変わると予想されている。

悪化する体感治安

アメリカの実験心理学者であるスティーブン・ピンカーは、その著作『暴力の人類史』（青土社）で、現在は人類史上で最も暴力が少ない時代であると主張する。ロシアとウクライナの戦争、イスラム過激派によるテロ、軍が市民を殺戮《さつりく》するミャンマー、スーダンで始まった内戦、ガザ地区の市民たちを殺害し続けるイスラエル軍、毎日のように日本国内のどこかで起きている殺人事件、そんなニュースに日々接していると現在の世界はあまりにも暴力的だと誰もが感じてしまう。しかしこれは不安と恐怖に過剰に反応することで生じる錯覚で、実際には世界全体の戦争による死者数は大幅に減少しているし殺人の発生率も圧倒的に低下していることを、統計やデータを駆使して証明しながらピンカーは、その理由として国家の貢献をあげる。

治安権力や軍事力を独占する国家は、多くの人から暴力を奪う装置でもあった。もちろん国家間の暴力（つまり戦争）は武器の進化と共に本格化したが、それでも長期的に見れば、国家が誕生したウェストファリア体制以降、人類は理性や寛容、他者への共感などを獲得して、現在はその歴史において最も平和な時代を過ごしている。

確かにそうだ。ついつい今は最低だと思いたくなるけれど、封建制や絶対王政が前提で諸侯が地域では絶対的な権力を保持していた時代に比べれば、国民国家というシステムが暴力を減らすことに貢献したことは間違いない。さらにこの枠組みを獲得したからこそ、人類は基本的人権や民主主義などを発見することができた。特に二〇世紀に起きた二つの世界大戦以降は、（どれだけ機能しているかはともかく）国際連盟や国際連合などの発想が具体化し、国民主権や平等という概念も広く普遍化している。帝国主義や植民地主義が横行していた時代とはまったく違う。この数百年のスパンで言えば、人類は間違いなく前進している。行きつ戻りつではあるけれど、世界は少しずつよりよい方向に向かっている。

でもその感覚を持つ人は多くない。例えば岸田政権と自民党を支持する人たちは、ロシアとウクライナの戦争や中国と北朝鮮の脅威を引き合いに出しながら、第二次世界大戦以降最も危機的な安全保障の時代になったと主張する。だからこそ安全保障政策を転回するというロジックだ。政権や支持者だけではない。メディアも当然のようにこれを口にする。ロシアがウクライナに侵攻を始めたとき、テレビに出演する識者や評論家たちの多くは、第二次大戦以降において最も大きな戦争が始まったと発言した。

僕はずっと不思議だった。もちろん地政学的な問題はある。場合によってはロシアとNATOのあいだの全面戦争に発展するかもしれない。でもそうしたリスクを考慮するのであれば、過去には朝鮮戦争やベトナム戦争があったし、大義なき（つまり大国がエゴを剥きだしにした）戦争という意味であれば、フセイン政権が大量破壊兵器を保持しているとして強引に武力侵攻に踏みきったイラク戦争時のアメリカのほうが、もっと大義なき戦争を起こしている。プーチンが使用をほのめかす核兵器についても、キューバ危機の際の切迫度はもっと高かったはずだし、その時代に旧ソ連は何十発もの核ミサイルの照準を日本の米軍基地に合わせていた。今よりも危機的な状況は過去に何度もあった。しかし人はその記憶を忘れてしまう。現在にばかり反応する。

こうした状況についてピンカーは、二〇二二年九月一八日に配信された朝日新聞デジタルのインタビュー記事で、以下のように述べている。

人の認知には「利用可能性ヒューリスティック」と呼ばれる傾向があります。人はリスクを見積もるとき、自身の記憶をさぐります。そのときに簡単に思い出せる事例ほど、より高い確率で起こる、と思ってしまう傾向です。

戦争だけではない。日本の殺人事件は一九五四年をピークに、ずっと減少傾向だ。今は人口比にすればピーク時のほぼ五分の一。でも多くの人はこのデータを知らない。メディアが積極的に報じないからだ。

こうして実際の治安状況は好転しているのに体感治安ばかりが悪化して、厳罰化が進行する。死刑制度を手放せない。さらに国内に飽和した危機意識は国境の外へと溢れ出し、中国と北朝鮮が切迫した脅威となる。

もちろん、五五年体制以降、自民党は日本の経済成長などを支えてきた。その貢献を否定するつもりはない。

でも政権交代は必要だ。

アメリカはどうしようもない国だけど、民主党と共和党がほぼ交互に政権を取り合うことで、アウフヘーベンを重ねることができる。日本はそれが起きない。特に一九五五年以降は、二回だけ自民党が下野した時期はあったが、あっというまに戻る。ほぼ一党独裁の国なのだ。

（二〇二三年五月二八日）

テレビに場外ホームランはいらない

旅人の心の動きを撮る番組

飛行機はホルヘ・チャベス国際空港に着陸した。成田からはトランジットの所要時間を入れておよそ一九時間。現地コーディネーターの真理子さんが借りてくれたワゴン車に乗って、一行は空港からリマ市街へと向かう。僕にとっては初めてのペルー。日本からの同行は撮影クルー三人とオカリナ奏者の宗次郎だ。

番組タイトルは『世界・わが心の旅』。NHKのウェブサイトで検索すれば、放送年度は一九九三年から二〇〇二年度まで。番組概要は以下のように説明されている。

各界の著名人が世界各地の思い入れの深い場所を訪れ、その地へのこだわりや関わりを語る紀行ドキュメンタリー。放送開始以来、約一〇年間で出演者は三二〇人、訪問先は七〇か国に及び、訪れた地で見せる著名人たちの素顔の表情も新鮮な感動を呼んだ。衛星第二の四五分番組。

一回目の旅人は秋吉敏子で、旅する場所は中国だった。その後も瀬戸内寂聴、横尾忠則、高田渡、山本寛斎、唐十郎などの名前が並ぶ。

ロケ前にNHKで行われたミーティングで、訪ねる国は旅人にとって初めてではないことが望ましい、とNHKのプロデューサーから説明された。番組のコンセプトは物見遊山ではなく、旅人がもう一度行きたいと願う国、あるいは地域を再訪して、どのように心が動くのかを撮ってほしい。

僕がディレクションを依頼された回の旅人は、オカリナ奏者の宗次郎にすでに決まっていた。名前くらいは知っていたけれど、会うのはこれが初めてだった。ロケの一カ月ほど前に、この時期の宗次郎が居を構えていた栃木県の山奥の廃校を、制作会社のプロデューサーと二人で訪ねた（少しややこしいけれど、制作会社が番組制作を受注する場合、局と制作会社それぞれにプロデューサーが配置される）。まずは旅する国を決めなくてはならない。

初めて会った宗次郎の印象は寡黙で朴訥《ぼくとつ》。このころの彼は、リリースするCDは軒並み大ヒットでNHKの大型番組や映画の音楽なども手掛け、コンサートは常に満席という位置にいた。だからこそ旅人に選ばれたわけだが、好きなオカリナを土から作ったり吹いたりしていただけなのに時代の寵児になってしまった自分に、少しだけとまどっているようにも見えた。寡黙な宗次郎をカバーするのは、同席していた年配の女性だった。マネージャー役なのだろうがよくしゃべり、また仕切る女性で、ビジネス面についてはほぼ判断しているのだろう。

このときの話し合いで、旅する国についてはオカリナの起源と言われる南アメリカに決まった。マヤ文明やインカ文明など多くの説があるが、一六世紀にアステカを経由してヨーロッパに伝わったことは定説のようだ。

「ずいぶん昔だけど、クスコに行ったことがあります」と宗次郎は言った。「バックパッカーみたいな感じで行ったのだけど、そこで初めてアンデスのフォルクローレ（民族音楽）をライブで聴いて、オカリナの音色にも惹かれました」

うんうんとうなずきながら聞いていたプロデューサーが、「番組のコンセプトとしては完璧です」と大きな声で言った。もちろん僕も異存はない。旅する国はペルーに決定した。

高山病で寝込む

リマに二日滞在してから、国内線の飛行機でインカ帝国の首都だったクスコへと向かった。一〇月というのに寒い。そして明らかに空気が薄い。それはそうだ。アンデス山脈中に位置するクスコの標高は約三四〇〇メートル。富士山頂とあまり変わらないのだ。でも石造りの印象の街を歩けば、多くの人たちは普通に生活していて、学校では子どもたちがサッカーに興じている。

到着したその日の夜、僕は倒れた。高山病だ。クスコに着く前に、急な運動は絶対に避けて水分をたっぷり補給するなどレクチャーは受けていたけれど、自分の体がこれほどあっさりと酸素不足に負けるとは予想していなかった。

どのような症状かといえば、とにかく気持ちが悪い。激しい眩暈《めまい》にも似た症状。船酔いのひどい状態といえばいいだろうか。ベッドに横になったまま、起き上がることができない。

宗次郎も含めて、このときのクルーの総勢は、カメラマンと（録音と照明を担当する）VE

と現地コーディネーターの真理子さんを入れて五人。初日に倒れたのは僕だけだ。ただし発症には個人差があるらしく、VEは三日過ぎてから（軽度だったけれど）発症していた。ロケに出られないけれど仕方がない。街を歩く宗次郎を撮ってくれとカメラマンに指示だけはして、まる二日ホテルのベッドで寝込んでいた。食欲もまったくない。真理子さんが差し入れてくれた大量のマテ茶を飲みながら、とにかく体が高度に慣れるのを待った。待つしかないのだ。

クスコに着いてから三日目の朝、ようやく起き上がることができた。まだ完調ではないけれど、帰国まであと一週間しかない。スタッフ全員を招集する。青ざめてはいるけれどVEも来てくれた。まずは宗次郎に、バックパッカー時代に歩いた石畳の街並みをもう一度歩いてもらい、それを撮影した。この日の最後の目的は、宗次郎がかつて訪ねたライブハウスだ。初めてフォルクローレを聴いて感激したという話はすでに収録していた。ただしこのライブハウスについては、実はひとつ目論見があった。

ロケ前に廃校で暮らす宗次郎を訪ねたとき、特にこのライブハウスについて、宗次郎はとても熱っぽく語っていた。でもその後、ロケ出発一週間前に現地コーディネーターの真理子さんからリサーチの報告が届き、このライブハウスが今はフォルクローレではなくロック酒場になっていることを知った。

そのときにこの作品のテーマが決まった。時代の変遷だ。

ロック酒場になっていることは宗次郎に伝えていない。記憶を頼りに路地の奥でようやく懐かしいライブハウスを見つけて嬉しそうに入ってゆく宗次郎の表情を、とにかく寄りで撮ってくれとカメラマンには小声で指示していた。

扉を開けると同時に、ケーナやサンポーニャやオカリナではなくエレキの音が響く。呆然として立ち尽くす宗次郎。すぐ横からカメラはその表情を凝視する。いい画だ。当惑する宗次郎をカメラの横で見つめながら、高山病から復帰したばかりの僕はご満悦だ。

商業看板とアンデス農業

ロケはさらに続く。クスコを離れてアンデスの山中を車で走る。時おり大きな看板がある。コカ・コーラやペプシの広告だ。カメラマンに、こうした商業看板はすべて（走る窓から外にレンズを向ける）ドライブショットで撮ってくれと耳打ちした。

広大なアンデス山脈を走る。時おり農家がある。訪ねれば気さくに、トウモロコシの酒チチャを飲ませてくれる。アンデスの多くの農家は、収穫したトウモロコシを発酵させてこの酒を作る。味はビールとマッコリを足して二で割った感じかな。どの農家の炊事場でも、必ず数匹のクイ（テンジクネズミ）がいる。ちょこちょこと床を動き回っている。モルモットの仲間だから愛くるしい外見だけど、ペットではなく食用だ。お祭りなど特別なときに食べるらしい。

アンデス原産の野菜は多い。トウモロコシ以外にトマトやジャガイモはよく知られているけれど、カボチャ、サツマイモ、唐辛子、ピーナッツ、パッションフルーツ、キノア（キヌア）、タバコなどもアンデス原産と説明された。

険しい山の斜面に開墾された畑で、農作業の様子も撮影した。時代の変遷を考えるうえで、アンデスの農業は有効なアクセントになると考えたのだ。インカ帝国の首都だったクスコは、近代化と西側文明の影響を受けて大きく変わりつつある。でも農家の生活はほとんど変わらない。開墾するとき、種を蒔《ま》くとき、収穫するとき、彼らは大地にチチャを撒いて大地の神であるパチャママに祈りをささげる。

インカ帝国の時代からこの地で信仰されていたパチャママは、山や川など大地すべての母親として土地の豊穣を司り、スペイン侵攻後は聖母マリアと重ね合わせられながら、今も多くの人から深く信仰されている。

山中をトラッキングしながら、テントを張ってリマから持ってきたパスタを大鍋で茹でたが、気圧が低くて沸点が九〇度くらいなので、いくら茹でても芯が残る。圧力鍋が必需品なのだ。

農作業を撮影したあとは、山中に暮らす陶芸家の家を訪ねた。陶芸家と言っても芸術家肌ではなく、皿や茶碗など日用品を作っている中年男性だ。そこで宗次郎は、現地の土をこねてオカリナを焼いた。急ごしらえではあったけれど、久しぶりの作業に宗次郎は満足そうだった。

旅の最後にクスコに戻り、今もフォルクローレを継承して続けている音楽家たちに集まってもらい、できたばかりのオカリナを手にした宗次郎とアルマス広場で演奏してもらった。

まあこれは、言ってみればテレビ的なエンディングのための撮影だ。今回のテーマからは距離がある。

プレビューでダメ出し

帰国後は二週間の編集作業。尺が一時間強になったあたりで、ＮＨＫの担当プロデューサーに一回目のプレビュー（試写）を行った。

ちなみにこのプロデューサーは、初めて会ったときから僕をちゃんづけで呼んでいた。森ちゃん。いかにもテレビ業界人の典型のようだけど、さすがに現実にはテレビ業界とはいえ、初対面の誰かをちゃんづけで呼ぶ人はあまりいない。この時点で一五年ほどテレビ業界にいる僕にとっても、ちゃんづけで呼ばれたことは二回目か三回目だ。

プレビューが終わった段階でプロデューサーは、「森ちゃん、これは場外ホームランだよ」と言った。意味がわからない。絶賛されているのだろうか。そう思いかけたときプロデューサーは、「番組としては、場外ホームランは必要ないんだよ。レギュラー番組なんだからヒットでいいんだよ」と続けた。

要するに伝統と近代化の相克は、放送一回分のテーマとしては壮大すぎるということのようだ。ロック酒場で呆然としている宗次郎は要らない。四五分の番組としては、今はビッグスターになった宗次郎が原点回帰してインカの都でオカリナを作って演奏する、という趣旨だけで十分ということらしい。

まったく納得できない。だからもちろん議論した。でも途中で、制作会社の側のプロデューサーが「わかりました。その方針で編集し直します」といきなり言って、議論はぷっつりと終わった（後からプロデューサーは、「あれ以上の議論は意味ないし、逆にやりづらくなると思ったよ」と僕に弁明した)。

納得できないままに椅子から立ち上がりかけたとき、「ああそれと」とNHKのプロデューサーは言った。

「コカ・コーラとかペプシの看板は、宣伝になるからうちではNGだよ」

当然わかってるよね、との口調だった。もちろん、公共放送であるNHKが商業的なニュアンスを回避することは僕だって知っている。でもこれはテーマに繋がるのだ。最終的にはプロデューサーの判断だ。あらためて思う。このプロデューサーは外れだ。

放送は終わったけれど、ずっと納得できていない。でも仕方がない。今になって振り返れば、テレビ時代は何十本も作品を作ってきたけれど、思うとおりに作れたことはほとんどない(だからこそディレクターの自由度が高くて『職業欄はエスパー』や『放送禁止歌』、『一九九九年のよだかの星』を放送できたフジレテビの『NONFIX』枠は貴重だった)。

最後に補足。この原稿を書くにあたって番組を観返したいと思ったけれど、DVDがどうしても見つからない。捨てちゃったのかな。だから一部は記憶で書いている。

(二〇二四年一月二八日)

「テロ」の定義

テロとは何か。標的や社会に（政治的な理由で）不安や恐怖を与えることを目的とした暴力行為。その語源はラテン語で「恐怖」を意味する terror だ。一八世紀のフランス革命において、ブルボン王朝の支持者や関係者への見せしめとして、そしてジャコバン派独裁の時期には反ジャコバン派を畏縮させるために、ギロチンによる公開処刑が多用されて、「恐怖政治（テルール）」という意味が定着した。

ちなみに日本の「特定秘密の保護に関する法律第十二条第二項」でテロリズムは、「政治上その他の主義主張に基づき、国家若しくは他人にこれを強要し、又は社会に不安若しくは恐怖を与える目的で人を殺傷し、又は重要な施設その他の物を破壊するための活動をいう」と規定されている。つまり殺人や破壊だけではテロとしての要件を満たさない。それによって標的や社会を畏縮させて支配しようとの意図が必要なのだ。

ただしテロという言葉には、もうひとつの意味がある。絶対悪であることだ。

ロシアがウクライナに侵攻したとき、ゼレンスキー大統領はこれをロシアによるテロと呼び、プーチン大統領も、ウクライナにおけるロシア国民をネオナチ勢力のテロ行為から守るため、と宣言した。

メディアの進化によってプロパガンダが重要となった近年において、敵の凶暴さや邪悪さを強調できるテロという言葉は、とても有効だ。

例えば、第二次世界大戦中にナチスドイツに占領されたフランスやヨーロッパ各地における対独抵抗運動はレジスタンスと呼ばれたし、今もこれをテロという人はいないはずだ。でも、もしもナチスドイツ（と大日本帝国）が世界を今も支配していたら、この抵抗運動はテロとして、歴史の教科書に記載されているはずだ。

つまり「テロ」はあくまでも相対的な概念であり、正義を強調するための用語なのだ。イスラエルによる暴力と圧政を世界にアピールするためにハマスが行った奇襲攻撃は、明らかにテロだ。ビンラディンとアルカイダによるアメリカへの攻撃も同様。でも彼らの側に立てば、これはレジスタンスになるはずだ。今のイスラエルのガザ地区に対する攻撃は明らかにテロの定義を超えているが、パレスチナ市民の側に立てば、過剰なテロとの見立てもできる。

そもそも定義が曖昧であることは事実だが、世界規模でテロがインフレーションを起こしている。いたるところにテロ。人々は不安になる。意識が変わる。社会の枠組みも変わる。権力や既成の体制に従うほうがいいとの気持ちが強くなる。つまり、テロという言葉そのものが、テロになりかけている。

（『生活と自治』二〇二四年三月号）

三人の兵士たち

テレビディレクター時代、世界で最も寒い国と言われるロシア連邦サハ共和国に行ったことがある。目的は永久凍土の下で凍結しているマンモスの発掘を撮影すること。

サハ共和国の北端に位置する小さな町のホテルに一泊した翌朝早く、ロシア科学アカデミーの科学者や作業員たちと一緒に、ヘリで一時間ほど内陸に飛んだ。大河レナ川のほとりにテントを張ってから旧式の消防用ポンプを設置して、噴き出す水で川の土手の永久凍土を作業員たちは削り始めた。

その日のうちに巨大な牙を持つ頭部が、凍った土中から現れた。そして翌日にもうひとつ。無事に撮影は終わった。でもそれから数日が過ぎたけれど、迎えのヘリが来ない。連絡の手違いがあったようだ。

スマホなどまだない時代だし、もしもあってもつながるようなエリアではない。広大なツンドラの大平原。さらに数日が過ぎて食料もほぼ底を尽きた。寒さも尋常じゃない。夜にテントで分厚い寝袋にくるまっても、永久凍土の地面から浸みだしてくる冷気に体を包まれるのだ。このままでは日本人スタッフの命が危ないと判断したロシア人コーディネーターが、近く（とはいっても五〇キロほど離れている）にロシア軍の秘密基地があるから救助を頼もうと提案して徒歩で向かった。

ほぼ一日後、早朝にテントが揺れた。外に出ればロシアの旧式な装甲車が走ってきた。降りてきた兵士は三人。上官らしい小柄な男が、日本とロシアのあいだには過去に不幸な戦争があったが、今は友好国であって世界はひとつなのだ、などと演説しているあいだ、僕も含めて日本人スタッフは、二人の兵士から渡された黒パンや缶詰を必死で食べていた。

……ロシアによるウクライナ侵攻から一年が過ぎた。明らかにプーチンの誤算だ。でも引くつもりはまったくないようだ。ウクライナも徹底抗戦の姿勢を崩していない。

戦争はウクライナの兵士や市民だけではなく、動員されたロシア兵の命も大量に奪い続けている。追いつめられたプーチンは核兵器の使用すらほのめかす。ならば世界は気づいたはずだ。核兵器が抑止力であるという論理は間違いだったのだと。

結局は基地に向かう途中、装甲車のキャタピラが外れてまた立ち往生し、たまたま上空を通った軍のヘリから僕は救助されるのだが、お人好しで憎めない三人の兵士たちは、今はどうしているのだろう。もう前線に送られる齢ではないと思うけれど。

（『生活と自治』二〇二三年四月号）

『オッペンハイマー』は観るに値しない映画なのか

メディアの切り取り

二〇二四年三月一二日、広島在住の高校生や大学生ら約一一〇人を招待して、日本では初めての『オッペンハイマー』一般向け試写会が、被爆地である広島市の映画館で開催された。上映後には平岡敬元広島市長と詩人のアーサー・ビナード、そして僕がステージに上がり、映画の感想を述べてから、観客からの質問にも答えた。

これを伝える多くのメディアでは、平岡元市長の「核兵器の恐ろしさが充分に描かれていないと思った」をまず取り上げ、これに対して僕が言った「的外れだと思う。実際の広島・長崎の映像を入れればいいとか、そんな問題じゃない」を対置した。

これだけを読めば対立しているようだけど、実状は微妙に違う。このとき平岡元市長は引用したコメントの前に、「私は広島の立場から」と述べている。二期八年にわたって広島市長を務め、原爆ドームの世界遺産登録に力を注ぎながら核兵器廃絶を広島から世界に訴え続けた平岡の視点なのだ。また僕も、「的外れだと思う」は広島・長崎の映像がないとの（一般的な）批判に対してであって、平岡の視点に対してではない。もちろん、こうした前段も含めて丁寧に報道したメディアも複数ある。でも新聞なら文字数、テレビならば時間の制限がある。何かを残すためには何かを切り捨てなければならない。その選択がメディアの編集権だ。前段を省略したメディアも決して嘘などついていない。実際に平岡は「充分に描かれていない」と言ったし、僕も「的外れだと思う」と言った記憶がある。でも（文字や映像の）配置や順列が変われればこれほどに印象は変わる。

分類（カテゴライズ）は人の本能なのだろう。これは真実。あれは虚偽。これは悪。あれは正義。仕分けしないと不安になる。特に二分化はいちばんわかりやすい。でもそれは現実ではない。一〇〇パーセントの黒や一〇〇パーセントの正義は概念だ。現実の世界はグラデーション。つまり濃淡だ。でもメディアはこれを表現することが苦手だ。さらに、結局はどっちなんだと分類を望む多くの人の声にも応えねばならない。こうして世界はメディアを通して単純化され、さらに矮小化される。

『オッペンハイマー』は傑作か。あるいは観るに値しない映画なのか。この命題に対しても正解などない。それは人によって違う。違って当たり前だ。だって視点が変われば世界は変わる。ただし補足するが、ビナードも含めて平岡も、決してこの映画を否定などしていない。公式にはビナードは、「大量破壊兵器を生む流れが残酷で、目を逸らさずじっと見つめたこの映画は勇敢だ」と発言しており、平岡は「彼（オッペンハイマー）が感じた世界の破滅への危惧は、今現実となって私たちの世界を覆っている」とコメントしている。

もう一度書く。世界はグラデーションだ。視点によって見え方も変わる。そのうえで僕は断言する。『オッペンハイマー』は傑作だと。

『オッペンハイマー』のアメリカ公開は二〇二三年七月二一日から始まった。つまり一年近く前だ。それから一カ月強が過ぎた九月下旬の発表では、興行収入は全世界で九億一二〇〇万ドルを超えて、伝記映画としては『ボヘミアン・ラプソディ』を抜いて歴代一位となった。

さらに、二〇二四年三月一〇日に授賞式が行われた第九六回アカデミー賞では、作品賞を含む最多七部門を受賞したことが、日本でも話題になった。ところが日本ではこの時点で、まだ(基本的には)誰も観ていない。

普通の映画公開のサイクルならば、遅くても昨年秋には公開されていたはずだ。でも公開されない。遅れているということではなく、日本ではこの映画の公開はできないらしいとの情報を、この時期にネットなどで頻繁に見聞きした。

理由のひとつは、広島、長崎への原爆投下や悲惨な被害の実態を直接的に扱うシーンがないとの言説が流通したから。確かにそれは事実だ。でも核兵器の恐ろしさを描いていないとの結論は当たらない。直接話法か間接話法かの違いなのだ。そう思って試写会で僕はこの批判に反論した。

そしてもうひとつの理由は、原爆投下を想起させる合成画像のネット投稿(インターネット・ミーム)に、同時期に公開された映画『バービー』のX(旧ツイッター)公式アカウントが示した好意的な反応に対し、日本国内で批判が相次いだから。

冷静に考えれば、インターネット・ミームについては、映画そのものには何の咎《とが》もない。『バービー』の宣伝担当者が無知で不謹慎であったことは確かだけど、それは『オッペンハイマー』

を封印する理由にはならない。

大木金太郎の「原爆頭突き」

そもそも『オッペンハイマー』はどのような映画なのか。第二次世界大戦中に「マンハッタン計画」を主導して「原爆の父」として英雄視されたJ・ロバート・オッペンハイマーは、世界を破滅させてしまうかもしれない兵器を自分が作ってしまったことに激しく苦悩し、日本が降伏して戦争が終わった後は、一転して核軍縮を呼びかけた。ただしその行動はわかりやすくない。中途半端なのだ。監督のクリストファー・ノーランはオッペンハイマーを、徹底して弱い人間として描いている。

その対比として描かれるのは、やはりマンハッタン計画に参加して「水爆の父」と形容されたエドワード・テラーだ。テラーは悩まない。冷戦期には、原爆よりもはるかに破壊力が大きい水爆の開発・実験を主張し、オッペンハイマーと激しく対立した。この二人の対立に加えて、オッペンハイマーを妬《ねた》み謀略によって陥れようとするルイス・ストロース（原子力委員会議長）の視点も、本作では重要な補助線として描かれる。

少し話は逸れるが、こうした描き方にもハリウッドの凄みを僕は感じる。テラーもストロースももう故人だが、子どもたちも含めて遺族はたくさんいる。ならば邦画では、こうした批判的な描写ができるだろうか。

そのハードルは高い。ただしハードルの高さは人が決める。そしてこの国の多くの人がハードルを（無自覚に）押し上げてしまう最大の要因は、この映画が日本では封印されかけた要因と重複する。

それを言葉にすれば、僕もこの稿で敢えて使った「不謹慎」だ。ちなみに英語だけではなく他の外国語でも、「不謹慎」にぴたりとニュアンスが重なる言葉はなかなか見つからない。日本独自の概念と言えるかもしれない。

さらに不謹慎や不適切の概念は、そもそも不定形で曖昧であるからこそ、時代によって変わる。変わるどころか時には反転する。

昭和の時代にプロレスラーの大木金太郎の必殺技であるヘッドバットは「原爆頭突き」と命名されていて、入場時に羽織るガウンには大きなキノコ雲がプリントされていた。プロレスの神様と称されたカール・ゴッチが必殺技であるジャーマン・スープレックス・ホールドを決めた瞬間に、当時のアナウンサーは「原爆固めです！」と絶叫していたことも覚えている。今よりもはるかに被爆の当事者や遺族は多かったはずだけど、こうした命名やガウンに対して、「不謹慎だ」との声が上がったとの記憶はない。

だからといって、ジェンダー問題やハラスメントに対して鋭敏になった現在の風潮を否定や相対化するつもりなどない。キノコ雲が描かれた大木金太郎のガウンを見ながら、思わず目をそむけてしまった人はいたかもしれない。アナウンサーが絶叫する「原爆固めが決まりました！」を耳にしながら、もうやめてくれと思った人もいたかもしれない。不可視にされていただけなのだ。あの時代の「当たり前」が、社会的弱者や少数者に対する想像力が機能しないままに、多くの人の悲しみや痛みを視野から外していた「大きな間違い」だったことは確かだ。それは大前提にしながらも、『オッペンハイマー』を一時は封印しかけたこの国の表現や言論の畏縮について、僕は深く憂慮する。

ケヴィン・ラファティやジェーン・ローダーらが監督して一九八二年にアメリカで公開されたドキュメンタリー映画『アトミック・カフェ』を観れば、終戦から冷戦にかけての時代のアメリカ人が、核兵器についてどのような意識を持っていたかよくわかる（日本公開は一九八三年）。

放射線に対する知見はほとんどない。被爆の怖さを知らない。意識としては、要するに巨大な爆弾なのだ。一般国民だけではなく、軍人や政治家も同様だった。実際に映画の中でも、核爆発実験の際に周囲に配置される兵士たちに対して上官が、「放射能はさほど怖くないが、もしも傷があるなら絆創膏を貼っておいたほうが無難だ」と事前にレクチャーするシーンがある。被爆した兵士たちは後に「アトミック・ソルジャー」と呼ばれ、大きな社会問題になった。

『オッペンハイマー』においても、最初に行われたトリニティ実験の際に、オッペンハイマーも含めて多くの研究者たちが、爆発のすぐ横で観測しているシーンが描かれている。一線の科学者たちですらその程度の意識しか持っていなかった。冷戦期は終わったけれど、今も多くのアメリカ人は核兵器の本質と怖さを実感できていない。だからこそ、戦争終結のために必要な措置だったなどと考えるのだ。

そうしたアメリカ人たちに対しても、『オッペンハイマー』は衝撃だったはずだ。さらに、投下後の広島と長崎については、その映像を科学者たち全員が確認する際に、オッペンハイマーだけがずっと顔を伏せているシーンがある。直視できない。弱いのだ。だからこそこのとき、オッペンハイマーが見ないようにした光景を僕たちは想像する。どれほどの惨状であるかを間接的に想起できる。

内容についてはこれ以上は書かない。映画はテレビとは違う。過剰な説明は必要ない。テレビは加算のメディアだが、映画は減算の表現だと僕は思っている。間接話法は確かにまどろっこしいが、届いたときはより深く強く届く。だから映画なのだ。黒か白ではない。善か悪かでもない。ノーランはそのグラデーションを、オッペンハイマーの「弱さ」をキーワードに描く。単純ではない。でも核兵器の怖さについても、直接的な映像を使うことよりもさらに深く届くはずだ。

最後に補足。ノーランは時おり暴走する。観客を置き去りにする傾向がある。でも本作は、ノーランにしてはわかりやすい。とはいえやはりノーランだ。多少の予習は必要だ。

原爆は核分裂だが、水爆は核分裂を引き金に核融合を起こす兵器だ。その破壊力は圧倒的に違う。アインシュタインはマンハッタン計画にどのように貢献したのか。そして戦後にどのように苦悩したのか。オッペンハイマーが師と仰いだニールス・ボーアやヴェルナー・ハイゼンベルクの名前と業績くらいも（ざっくりと）知っておいたほうがいい。量子論の基本は重ね合わせ。粒子と波動の二重性と物理的過程の不確定性がキーワードだ。

その程度は予習しておいたほうが、映画を絶対に楽しめるし、深く理解できるはずだ。

以上のレビューを公開した後の補足。

この映画においてクリストファー・ノーランは、ロバート・オッペンハイマーを徹底して弱い人間として描写した。それは僕にとってもリアルだった。広島と長崎の凄惨な悲劇を直視できないからこそ、一九六〇年に初めて日本を訪れたとき、オッペンハイマーは京都や大阪に足を運んだが広島と長崎には行かなかった。記者会見のときに記者から「行かないのか」と訊かれて、「行かない」と即答したとの資料もある。ただしこの事実からは、弱さよりもむしろ冷酷さなどを感じる人もいるかもしれない。

弱いのか冷酷なのか。映画のレビューを書いてから二カ月余りが過ぎた二〇二四年六月二〇日に、NHKニュースデジタルが「新発見」として報道した記事の一部を以下に引用する。

オッペンハイマー〝涙流し謝った〟通訳証言の映像見つかる

原爆の開発を指揮した理論物理学者、ロバート・オッペンハイマーが、終戦の一九年後に被爆者とアメリカで面会し、この際、「涙を流して謝った」と、立ち会った通訳が証言している映像が広島市で見つかりました。(中略)

証言した通訳の名前はタイヒラー曜子さん。被爆者を前にしたオッペンハイマーがどんな様子だったかを、通訳として立ち会った曜子さんが語ります。

通訳として同行したタイヒラーさんは、訪問団の一人で、広島の被爆者で理論物理学者の庄野直美さんなどが非公表でオッペンハイマーと面会した際の様子について「研究所の部屋に入った段階で、オッペンハイマーは涙、ぼうだたる状態になって、『ごめんなさい、ごめんなさい、ごめんなさい』と本当に謝るばかりだった」と述べています。

泣きながら「ごめんなさい、ごめんなさい、ごめんなさい」と謝るばかりのオッペンハイマー。映画を観たからこそ、その情景が目に浮かぶ。

オッペンハイマーを人類に火を与えたとされるプロメテウスに喩える人は多いけれど、むしろプロメテウスの弟で、多くの災いが入った箱を開けてしまうパンドラの夫であるエピメテウスなのだと思う。ちなみにプロメテウスの名前の意味はプロ（先に）メテウス（熟考する）。そしてエピメテウスの意味は、エピ（後から）メテウス（熟考する）。

でもオッペンハイマーがどれほど泣いて悔やんでも、人類が核兵器を手にしてしまった歴史は変わらない。だからあらためて思う。核抑止論の欺瞞と矛盾に対して、世界（特に日本）は、しっかりと直視して大きな声をあげるべきなのだと。核抑止を最大の根拠として構築され維持されてきた日米関係についても、そろそろ次の段階に進むべきなのだと。

（「プレジデントオンライン」二〇二四年四月一一日）

III

ニュースは消えても現実は続く

事件翌日の夜に

二〇二三年四月一五日、衆院補選応援演説中の岸田首相を狙って爆発物が投げ込まれた。その翌日の夜、僕は遊びに来てくれた友人たちと最寄り駅の大衆居酒屋にいた。飲んだのはビール一杯とホッピー二杯。食べたのはイカの沖漬けとキムチに焼き鳥数本。もしかしたらホッピーはもう一杯飲んだかも。友人たちとの付き合いは長い。でも映画の制作期間とコロナ禍が重なって、集まるのは久しぶりだ。久しぶりに楽しい時間を過ごし、駅前で友人たちと別れてから自転車に乗って家に戻る。でも走り始めて数分後、パトカーが横を走っていることに気がついた。運転席の窓が開いて「止まりなさい」と声をかけられる。事態を理解しないまま僕は停車する。パトカーから降りた二人の警察官が近づいてくる。

「お酒を飲んでいますか」

「はい飲んでいます」

「少しふらついていたから声をかけました。どのくらい飲みましたか」

「ビール一杯とホッピー二杯くらいです」

「呼気を測定しましょう」

何だか大ごとになってきたと思いながら、「ここでですか」と訊く僕に、「乗ってください」

と言いながら年配の警察官はパトカーのリアシートの扉を開けた。警察官と並んでパトカーのリアシートに座る。凶悪犯になったような気分だ。路肩に駐車したパトカーの中で、初めて体験する呼気測定の数値は三・五。「けっこう飲んでますね」と警察官が言い、「ホッピー三杯かもしれないです」と僕は観念して答える。この後にどうなるのだろう。身柄送検だろうか。弁護士はどうしよう。

結論から書けば、僕は道路交通法第六五条「何人も、酒気を帯びて車両等を運転してはならない」に違反した。車両には自転車も入るのだと説明しながら年配の警察官は、三年以内にまた同じ容疑で検挙されたなら、安全運転の講習を受けなければいけなくなりますと言った。つまり現段階では逮捕されるわけではないし罰金もない。気を抜いた僕は思わず、「和歌山であんなことがあったのにこんなことしている場合ですか」と言った。やはり酔っていた。警察官は真顔になって「こうした積み重ねが大事だと私たちは思っています」と答えた。僕は返す言葉がない。その通りです。すいません。ホッピー二杯じゃなくて三杯でした。もう二度と飲んで自転車には乗りません。その場で僕は解放された。「家に帰ってください」「でも自転車は?」「家までどのくらいですか」「あと二キロくらいです」「そのくらいならいいですよ」

いいのだろうか。首をかしげながら、僕はもう一回自転車に乗って家に戻った。

（『生活と自治』二〇二三年六月号）

危機管理に目を奪われて転倒

転んだ。それも「つまずいた」とか「膝をついた」などのレベルではなく、小走りだったので漫画みたいに前に大きく飛んだ。あれほど派手に転んだのは、小学校の運動会の徒競走以来かもしれない。

場所は京都駅の新幹線ホーム。おおぜいの人が周りにいた。カエルのようにホームの床に腹這いになってから、痛みよりも恥ずかしさで頭がいっぱいになった。新幹線は発車寸前。すぐに立ち上がった。実は膝が痛い。掌もすりむいている。でもすたすた歩く。乗ると同時に背中で扉が閉まる。

転んだ理由のひとつは、少し大きすぎるクロックスを履いていたから。ここ数年は、春から秋ならば（よほどの雨でないかぎり）これを履いている。ぱっと見は靴のようにも見えるので、けっこうフォーマルな場でも失礼にはならない（と勝手に思っている）。

転んだ理由のもうひとつは、それでなくても発車ぎりぎりだったのに写真を撮っていて焦ったから。この日は広島サミット前日（サミット開催は二〇二三年五月一九～二一日）。駅構内のゴミ箱やロッカーなどはすべて封鎖されていた。警備を強化する意味はもちろんわかる。でもここは広島ではなくて京都だ（ちなみに新幹線が着いた東京駅でもゴミ箱は封鎖されていた）。

危機管理の用語にリスクとハザードがある。リスクは危険性。そしてハザードは毒性。例えばマムシはハザードが高い。もしも嚙まれたら、老人や子どもなら命にかかわる場合がある。でも僕たちは日常の生活を送りながら、マムシを警戒してゴム長を履いたりしない。だってマムシは都市部にはほぼいない。つまりリスクは低い。

このリスクとハザードが区分けされないまま不安と恐怖が高まったとき、人は選択を間違える。宇宙空間を飛んでいる実験ミサイルの破片が落ちてくるかもしれないとJアラートを発動したり、敵が攻めてくるかもしれないと危惧して敵基地攻撃を正当化したり（相手から見れば先制攻撃をされたに等しい）、見えない敵におびえて無理やりに敵を造形したり（例えばイラク戦争）、人類の歴史はそんな失敗でいっぱいだ。

新型コロナで死亡する要因は肺炎が多いが、身体を守るためのサイトカイン（炎症に対抗するたんぱく質）が過剰に分泌されることで、全身状態の悪化や血栓形成などが引き起こされるサイトカインストーム（免疫暴走）も、致死的な呼吸不全に陥る要因のひとつだ。つまり、セキュリティが身体を内側から壊す。花粉症のメカニズムも同様だ。

もちろん備えは必要。でも過剰な備えは不安と恐怖をさらに高めて時には害をなすことを、僕たちはもっと知ったほうがいい。

（『生活と自治』二〇二三年七月号）

世論とメディアの相互作用　入管法改正前夜

世論は飽きやすい

二〇二三年六月八日深夜。明日九日には、出入国管理及び難民認定法(入管法)の改正(改悪)が参院本会議で決まる。それはもう決定事項。いつから決定事項なのか。もうずっと前だ。この法案は二〇二一年に廃案になったけれど、そのずっと前から、いずれ成立することはわかっていた。廃案になったとき、音声配信サービスのラジオトーク(ポッドキャストでも配信されている)で、「ほとぼりがさめたら(自民党は)またやる」と僕は言った。自信があった。何の自信だよと自分でも思うけれど。

念を押すけれど、予想が当たったと威張りたいわけじゃない。誰だってわかる。もう少し具体的に書けば、自民党とそれを支持する人たち、そして読売新聞や産経新聞など政権寄りのメディアが、オーバーステイの外国人は犯罪者予備軍だし彼らに税金を使う必要もないしもっと厳しく対処すべきだと思い始めた瞬間から、法案がいずれ通ることは決定事項だった。

つまり今のこの国で、自民党が思うことはほぼ現実になる。うらやましい。触ったものすべてが黄金に変わることを願ったのはミダス王だけど、もう何十年も圧倒的与党であり続ける自民党にとっては、まさしくそんな状況だ。しかも（かつて野党だった）公明党も今は与党。さらに日本維新の会と国民民主党も、看板は野党だけど実質は自民党のブランチ。支店。フロント企業。ならば法案はほぼ通る。日本社会を思うように造形できる。

二年前に廃案になった理由は、名古屋出入国在留管理局に収容されていたスリランカ国籍の女性、ウィシュマ・サンダマリさんが亡くなったから。いやそれは正確じゃないか。亡くなったことを受けて、世論が今の入管システムはおかしいと沸騰したから。

つまり議会の圧倒的多数を占める自民党にとって、警戒すべき野党は時おり沸騰する世論だ。そしてこれを喚起するメディア。でもこの世論は飽きやすい。この二年のあいだにも、治療を訴えるウィシュマさんの映像などが一部で公開されて多少の話題にはなったけれど、明らかにかつての熱量はない。そしてメディアは世相の変化に敏感だ。視聴率や部数に貢献しないなら扱いは小さくなる。こうして世論とメディアは相互作用的にヒートアップし、やはり相互作用的にクールダウンする。

伝えるメディアも少ない

国会前では連日、改正反対のデモがあったけれど、これを伝えるメディアは少ない。主要紙で頑張っているのは東京新聞だけ。朝日新聞はここ数日、一面にも二面にも載っていない。テレビはＴＢＳの「報道特集」と「news23」くらい。八日夜の「報道ステーション」のトップニュースは、テニスの加藤未唯ペアの全仏オープン混合ダブルス初優勝だった。

僕もツイッターで立憲民主党の福山哲郎議員の「新たな事実や問題が噴出しています。立法事実が根底から崩れ出しています。二年前の廃案の時と似てきています。いったん立ち止まり審議継続か廃案か、政府与党に強く求めたい。強行採決はあり得ない。」というポストを引用しながら、「この法案は止めたい。本当に止めたい。」と投稿した。これに対しての返信の一部を以下に貼る。

「犯罪擁護ですか?」

「不法残留の外国人から日本人を守ることにも繋がるのに、なぜ反対するのか。」

「隣近所に途上国の異民族コミュニティ作られる恐怖」

「改正入管法は日本人の命を守る素晴らしい法案です。一刻も早い採決を望みます。」

「国民の人権、安全を最優先課題とするのが国会」

「他国の人間なら大使館、領事館で対応して貰うのが筋」

「他国人が強引に存在権を主張するのはお門違い」

「そんなに不法滞在外国人が跋扈する我が国がお望みですか? 入管法改正反対する方に多いのですが、本当の難民と難民申請悪用して滞在を延長しようとする不法滞在外国人とをごっちゃ混ぜにしてませんか?」

「この人も犯罪者を野放しにして税金で養い、日本国民を危険に晒せと主張している。」

「迷惑を被ったりトラブルになったりしている地域があるんだよ。日本人は何されても我慢しろって言うのか？」

もちろん肯定的な返信もあるけれど、数にすれば圧倒的に批判や罵倒が多い。読みながらふと、森達也塾のオンライン授業で話題になったひろゆき論を思い出す。「日本人は何されても我慢しろって言うのか？」とか「犯罪擁護ですか？」などと書き込む人たちは、オーバーステイの外国人というわかりやすい弱者に目を向ける旧リベラル的な体質が嫌なのだろうな。でも正面から罵倒はしたくない。論理も使いたくない（というか、たぶんない）。だから冷笑や嘲笑したくなる。苦笑いを浮かべながら、バカだねこいつは、と多くの人の同意を得ようとする。

とにかく法案は明日成立する。ちなみに以下は、今日（八日）のＮＨＫニュースデジタル版の引用。

出入国管理法などの改正案は、難民申請中は強制送還が停止される規定について、申請を繰り返すことで送還を逃れようとするケースがあるとして、3回目の申請以降は「相当の理由」を示さなければ適用しないことや退去するまでの間、施設に収容するとしていた原則を改め、入管が認めた「監理人」と呼ばれる支援者らのもとで生活できることなどが盛り込まれています。

改正案に反対する立憲民主党が成立を阻止したいとして提出した齋藤法務大臣に対する問責決議案は、7日の参議院本会議で否決されました。

そして8日午前、法務委員会では、採決を前にした討論で立憲民主党の石川大我議員が「この法案に断固反対を表明したい。委員長が職権で本日、委員会を開催したことに最大限の抗議を示したい。数千人単位の命を危険にさらす法律だ」と述べました。

一方、自民党はこの日討論を行いませんでしたが「改正案は、外国人と日本人が安全・安心に暮らせる共生社会の実現に必要不可欠だ」などとしています。

そして、このあと採決が行われ、自民・公明両党と日本維新の会、国民民主党の賛成多数で可決されました。立憲民主党と共産党などは反対しました。

改正案は、9日の本会議で可決・成立する見通しです。

「改正案は、外国人と日本人が安全・安心に暮らせる共生社会の実現に必要不可欠だ」の意味がわからない。でも何度か読み返して、オーバーステイするような外国人は（危険な存在だから）排除して、安全・安心な外国人たちと共生する社会にしよう、との意味なのだろうと理解した。安全・安心な外国人。言い換えれば裕福な欧米人。インバウンドでお金を落とす外国人観光客や、低賃金の仕事をこなす外国人労働者は歓迎するが、支援を求める外国人は排除する。

露骨な違い

今回の法案ではウクライナやシリアから避難してきた人たちに対し、難民ではなく紛争避難民として定住資格を取得させ、就労や国民健康保険への加入も認めると宣言している。クルドやロヒンギャ、アフリカやミャンマーなどから救いを求めてきた人たちとの扱いの差は露骨なほどに大きい。特にウクライナからの避難民に対して岸田政権は、当初は政府専用機で出迎えるほどに異例の対応をしていたけれど、もしも何千人も着の身着のままで日本に避難してきたら、どのように対応するのだろう。

入管法の記事がすっかり減ってしまった朝日新聞だけど、今日（六月八日）はさすがに社説で取り上げている。

（略）難民認定の2次審査に携わる民間の参与員が「申請者に難民はほとんどいない」と国会で発言したことを端緒に、難民認定の公正さにも疑念が向けられたが、審議は深まっていない。入管側が「難民申請の乱用」と判断した案件が、特定の参与員にまとめて審査されている運用もわかってきた。斎藤法相は参与員の発言を支持する文脈で「参与員が1年6カ月で500件の対面審査を行うことは可能」と述べたものの、その日の夜に「不可能」と正反対の内容に訂正した。政府側の迷走ぶりも極まっている。

このまま進めたのでは、人々の納得はとても得られない。

締めのセンテンスは「人々の納得はとても得られない」。朝日の社説がよく使うフレーズだけど、最近のテレビ朝日の調査では入管法を変えることに賛成は四七パーセントで反対は二四パーセントしかいない。つまり納得している人のほうが、ダブルスコアで納得していない人を圧倒している。

ちなみに数年前の新聞各紙の調査では、反対のほうが多かった。でも賛成する人がどんどん増えてきた。おそらくは、ロシアによるウクライナ侵攻や中国、北朝鮮の脅威などが不安や恐怖を熟成して、敵基地攻撃能力保有を盛り込んだ安全保障関連三文書の閣議決定や防衛費大増額と同様に、支持する人が増えたのだろう。

人の適応能力はとても高い。だからこそ、ここまで人類は繁栄した。でも適応能力が高いということは、現状に自らを順応させてしまう傾向が強いということでもある。だから、よりよく変えようとの発想がなかなか具体化しない。いや具体化以前に発想できなくなる。

もう半世紀余り、この国はそんな状態にある。ならば自民党の政権はこれからも続く。

（二〇二三年六月一一日）

ピースボートは社会の縮図だ

日本社会の縮図

イタリアのチビタベッキアから乗船して二日が過ぎた。明日はギリシャのピレウス。そして明後日は船内企画の初日で『放送禁止歌』を上映する。

ピースボートへの乗船は四年か五年ぶり。コロナ期間中は、（まったくクルーズを出せないのだから）存続できるだろうかと心配していたが、何とか持ちこたえたようだ。いや持ちこたえたどころか、コロナ期間中に船が新しくなった。新しい船「パシフィック・ワールド」は、規模的にはこれまでの船「オーシャンドリーム」のほぼ二倍。乗客も増えて定員は一八〇〇人。すでにコロナ後の初回世界一周クルーズは終えており、僕が乗ったのは二回目のクルーズだ。

日本全国の居酒屋の二軒に一軒はトイレやレジの横でポスターを見ることができるピースボートについては、これまでもいろんな媒体で言ったり書いたりしてきたから説明は不要だろう。世界一周のこのクルーズに「水先案内人」として乗り込むようになってから、もう二〇年以上が過ぎる。

水先案内人の本来の意味は、停泊のために港に来た大型船に乗り込んで、その船の航海士に進路をアドバイスするポジションを示す。日本では国家資格だ。ちなみにマーク・トゥェインは作家デビューする前に、ミシシッピ川の水先案内人として働いていた時期があったらしい。

ピースボート用語でいう水先案内人は、三カ月の世界一周コースのどこかの区間に二〜三週間ほど乗り込んで、乗客向けの講座や講演などを行う。一般的なクルーズならば歌手やマジシャンなどエンターテイナー系が担うポジションを、ピースボートの場合は僕のような映画監督、作家、フォトグラファー、アクティビストなどが担う。ただしノーギャラだ。その代わりに乗船中の費用や行き帰りの飛行機のチケット代などはピースボートが負担してくれる。

いちばん最初に依頼されたとき、僕は乗船を断った。確か一回だけではなく、二回目の依頼も断ったはずだ。

なぜならピースボートについては、スタッフや乗客たちが一丸となって「反戦」とか「平和」などと染め抜いた鉢巻をしてシュプレヒコールを上げているようなイメージがあったからだ。もちろん反戦や平和のスローガンに異存はない。集団行動が苦手なのだ。

でも三回目に依頼されて、ものは試しと一週間ほど乗船して、自分のイメージを大幅に修正した。確かに水先案内人の多くは（いわゆる）左翼やリベラルの位置にいる人が多いが、乗客たちにそんな偏りはない。六〇代以上が七割を占めていることを別にすれば、思想や信条などバックグラウンドは様々だ。つまり日本社会の縮図なのだ。自民党支持者もいれば原発推進容認派もたくさんいる。そんな人たちに自分の作品を観てもらい、夜には船内の居酒屋やバーで感想を聞いたりすることができる。

これが新鮮だった。『週刊金曜日』を買う人は、極論すれば今さら読む必要はないんだよね、と言ったのは是枝裕和だが、右と左などイデオロギーの垣根は船の上ではあっさりと消滅する。だって逃げ場がないのだ。時間だけはたっぷりある。だから自民党支持者も原発推進派も講座に参加する。映画を観る。そして客同士で議論する。つまり垣根をあっさりと越える。少なくとも日本にいる限り、そんな空間はなかなか実現しない。

日本からイタリアに向かう少し前、ハマスがイスラエルに奇襲攻撃をしかけ、イスラエル軍の攻撃が始まった。かつて（ピースボートのオプショナルツアーで）ヨルダンのパレスチナ難民キャンプにホームステイした僕は気が気じゃない。

ちなみにこのオプショナルツアーも、一般的なクルーズなら世界各地の観光スポットをめぐるコースが中心になるが、ピースボートの場合は観光スポットのツアーだけではなく、難民キャンプやスラムを訪ねたり、環境など様々な社会問題を考える地元の会の活動に参加するなどのツアーも多く企画される。

乗船して二日後の今日は、ピースボート創設者で共同代表の一人でもある吉岡達也、エジプトの人権派弁護士であるカレド・エマム、旧ユーゴスラビア出身で紛争を経験したのち非戦活動家として活躍するヤスナ・バスティッチらと、船内でパレスチナ問題についてリレートークを行った。三〇〇人ほどの乗客が集まり、僕はヨルダン難民キャンプにホームステイしたときの体験を語り、さらにユダヤ人問題とシオニズムについても話した。

そこでやめておけばよかった

イスタンブールは猫が多い。街中のいたるところにいる。そしてどの猫も人が近づいても逃げない。とてものんびりしている。いわば人と猫が共存する街。

そう思ったのが間違いだった。

日曜なのでグランド・バザールは閉まっていた。そこから徒歩で一〇分ほどのエジプシャン・バザールの入り口近く、様々なスパイスを売る店の前で日向ぼっこをしていた白い猫の側に腰を下ろして、僕は手を伸ばした。首を撫でればゴロゴロと喉を鳴らす。当たり前だけど世界共通だ。そこでやめておけばよかったのだ。

かつて僕の家には、常に犬と猫がいた。同居は当たり前だった。でもいろいろ事情があって、もう何年も犬と猫は側にいない。だから日々に潤いがない。日常が物足りない。

久しぶりに肉球に触りたくなった。猫の後ろ脚を摑む。猫はゆっくりと振り返る。肉球を押す。揉む。

そのときスパイス店の店員が、いきなりNO！と声をあげた。何だろう。そう思いながら顔を上げた瞬間、白い猫は僕の左手に相当な勢いで嚙みついた。痛みに思わず手を引けば、僕の左手を抱え込むようにしながら猫は爪を立ててきた。

時間にすれば数秒だったと思うが、かなり出血した。スパイス店の店員があわててキッチンペーパーを持ってきてくれたので、それで止血しながら港に戻る。僕の様子を見たピースボートのスタッフから医務室に行くように勧められ、気は乗らなかったが初めての医務室を見たいとの好奇心もあって、四階の医務室（ちなみに船の最上階は一五階だ）で医師に手当てを受けた。

スペイン語訛りの英語を話すドクターは、まずは傷を水で洗浄して、その後に「狂犬病と破傷風のワクチンを投与しなければならない」と僕に説明した。これは予想していなかった。せいぜい傷口の消毒で終わると思っていた。

「それほどのことでしょうか」

「それほどのことです。狂犬病も破傷風も、もしも発症したら命とりです」

右肩に狂犬病、そして左肩に破傷風のワクチンを筋肉注射して、それからアナフィラキシーを抑えるための点滴を受けた。

処置室の狭い寝台に横になって点滴の袋を見つめながら、四〇年近く前にも猫に引っかかれて入院したことを僕は思い出した。

『夢みるように眠りたい』の主演を逃す

そのときは手ではなく脚だった。荻窪のアパートで一人暮らしなのに猫を飼っていた。その部屋に僕の前に住んでいたのは、映画監督志望の林海象だった。ある朝目覚めると、右脚がパンパンに腫れあがっている。しかも高熱だ。まともに歩くことができない。近所に住んでいた友人に連絡して、阿佐谷の河北総合病院に搬送された。医師の最初の診断は骨膜炎。下手すると脚を切断しなければならない、と宣告された。

問診の際に猫を飼っていると伝えると、断言はできないが猫に引っかかれた傷から菌が侵入した可能性があると医師は言った。

呆然としながらベッドに横になっていたら、蒼白になった林海象がやってきて、「森くん、ロケの延期はできないよ」と言った。

実はこの一週間後、林海象にとっての映画デビュー作となる『夢みるように眠りたい』の撮影が始まる予定だった。そして僕は、主役の探偵を演じることになっていた。

「退院は無理なのか」

「とてもじゃないけど無理だ」

「スタッフもスタジオもすべて押さえてしまっている。今さら延期はできない」

「わかっている。ごめん。代役はいないだろうか」

「実は佐野史郎くんにさっき連絡した。とりあえず空いているそうだ」

この一年ほど前に状況劇場をやめて今はフリーランスの佐野くんなら、確かに探偵役のイメージに合う。ずいぶん手回しがいいなと思いながらも、佐野くんのイメージならぴったりだと思うよと僕が即答した理由は、今どきモノクロでサイレント映画など絶対にヒットしないと内心は思っていたからだ。未練はほぼない。

入院は一カ月ほど。最終的な病名は蜂窩織炎《ほうかしきえん》。抗生剤の点滴だけで脚の炎症は抑えることができたが、大量の抗生剤の副作用で肝機能が悪化して、入院の後半は脚よりも肝臓の治療が優先されていた。

退院してから、『夢みるように眠りたい』にはワンシーンだけ出演した。一斉摘発を行う警察官たちのリーダーの役だった。

やがて映画は公開され、大きな話題となって大ヒットし、佐野史郎はＴＢＳのドラマで冬彦さんという当たり役を得てブレイクする。

そのとき実感した。演技力がないことはうすうす気づいていたけれど、運もないのだ。こうして僕は芝居をやめる。その後に紆余曲折があって、撮られる側ではなく撮る側に回るのだけど、それはまた別の話。

ようやく点滴が終わった。スペイン語訛りの英語を話す医師からは、狂犬病のワクチンはあと四回打つ必要があると説明された。

「全部で五回も打つのですか」

「そうしないとワクチンの意味がない。それと、今から四八時間は観察期間です。飲酒は厳禁」

キャビンに帰ってから吐息をつく。やれやれだ。教訓。知らない猫の肉球には迂闊に触らないほうがいい。二三時に船は出港する。これからエーゲ海と地中海を航行して、次の寄港地はエジプトのポートサイドだ。


（二〇二三年一一月五日）

イスラエル・パレスチナ問題を考える

短パンでモスクに入れてもらう

昼前のポートサイドは静かだった。商店街らしきエリアはあるのだけど、ほとんどの店のシャッターは下りている。そういえば数年前にカイロを訪れたとき、深夜なのに（一一時過ぎだったと思う）多くの家族連れが普通に街を歩いていることに驚いた記憶がある。昼はあまりに暑いので会社や商店なども夕方まで閉めて（いわゆるシエスタだ）、夜間に再び活動するのだと説明された。

時おりすれ違う人たちの多くは、基本的には人懐っこい。ニコニコと微笑みかけてくる。ジャパン？　と聞かれることも頻繁にある。他のアラブ諸国と同様に、日本人への親近感は強い。でも初めてアラブ諸国を訪ねた二〇年前に比べれば、アメリカに追随するばかりの日本に対しての好意が、微妙に変わってきたように感じられる。

礼拝の時間を知らせるアザーンが響く。これを聴くたびにアラブに来たと実感する。目の前にモスクがある。回り込んで玄関に向かう。

オウム真理教のサティアンで撮ったドキュメンタリーが映画監督デビューになったから、というわけではもちろんないが、以前から宗教施設が好きだ。異国の街を歩きながら教会やモスクや寺院やシナゴーグなどを見かけたら、できるだけ中に入ることにしている。祈る人たちを見ることが好きなのだと思う。もちろん施錠されていて入れない場合もあるけれど、モスクの場合はほぼオープンだ。礼拝堂のいちばん後ろに胡坐《あぐら》をかいて、祈る男たちの背中をぼんやりと見ているだけだけど、その時間が好きなのだ。

入り口の脇には、長い髭を伸ばした年老いた男がいた。イマーム（宗教指導者）のような雰囲気だ。鋭い目で僕を見つめる。

そこで気がついた。しまった。短パンとサンダルだ。これでは中に入れない。

でもここまで来て戻るのも悔しい。思いきって老人の側に行って、「短パンで来てしまったけれど入りたい。無理だろうか」と話しかけてみる。老人は無表情でしばらく考えてから、仕方がないなあというように小さく吐息をついて、それから重々しくうなずいた。

老人のあとに続く。中には数人の男たち。まだ礼拝の時間ではないようだ。短パンで中に入った僕にちらりと視線を向けてくるけれど、とがめる者はいない。

アラブ世界以外に暮らす多くの人はきっと勘違いしていると思うけれど、イスラムはとにかく寛容だ。短パンで礼拝堂に入ったことは初めてだけど、明らかに異教徒なのに、これまで中に入るのを止められたことは一度もない。少しずつ男たちが増えてくる。

イエス・キリストの信仰は

ぼんやりとそんな光景を眺めながら、三日前に船上で行ったリレートークで、会場に集まった日本人乗客たちに自分が言ったことを思い出した。

マイクを渡された僕は、まずこう言った。

イエス・キリストはどんな宗教を信じていたでしょう。

大学の授業でこれを言ったときは、何人かの学生に答えさせる。五人中四人は首をかしげながら、

「キリスト教ですよね」

と自信なさそうに答える。でもそれは不正解。正解はユダヤ教だ。

ユダヤ教徒だったナザレのイエスは、律法主義で閉鎖的だったユダヤ教を批判しながら、より多くの人々に開放しようとしてユダヤ教守旧派勢力から恨みを買い、ゴルゴタの丘で磔刑にされた。その後にペトロやヤコブなど弟子たちがイエスの教えを布教し、彼らが没したあとの紀元三九二年にテオドシウス帝がキリスト教をローマ帝国の国教にすると宣言して、今につながるキリスト教の歴史が始まる。つまり、キリスト教における神はユダヤ教の神と同一だ（イエスは神の子とされている）。ちなみにイスラム教も神は同じだ。

しかし後世の多くのキリスト教信者にとって、ユダヤ人はイエスを処刑した民族でもある。イエス自身もユダヤ教徒（つまりユダヤ人）なのだが、そうした認識はいつのまにか抜け落ちてしまう。

こうして、紀元前から故郷を失い迫害されてきたユダヤ人に、イエス殺しの烙印が付加されて、その差別と迫害の歴史はさらに強化される。つまり（キリスト教圏においては）民族的な

公共敵。ホロコーストの加害者はナチスドイツだけではない。キリスト教圏であるヨーロッパ全土で、ユダヤ人は差別され、迫害され続けてきた。

だからこそナチスドイツが降伏してアウシュヴィッツなど強制収容所の存在が明らかになったとき、ヨーロッパ各国は自分たちも共有する加害者意識に畏縮した。

ホロコーストの記憶とシオニズム

一九四七年、国連はパレスチナに古くから住むアラブ系住民に四三パーセントの土地を保証し、新しく移住してきたユダヤ系住民に五七パーセントの土地を与えるとする決議を採択した（パレスチナ分割決議）が、翌年イスラエルの建国が宣言されるとこれに反発したアラブ連盟とのあいだでパレスチナ戦争が勃発、分割案は実現しなかった。

ユダヤ人が抱く、迫害から解放され自分たちの国を建設しようとするシオニズム思想は、長きにわたる差別や迫害、そしてホロコーストの記憶と深く結びついている。だからこそ不安と恐怖が強い。敵を設定してこれを攻撃するという衝動を抑えられなくなる。

度重なる紛争において、イスラエルはアラブ各国を圧倒し続けた。ユダヤ資本とユダヤ・ロビーが大きな影響力を持つアメリカの軍事的な後ろ盾があるからだ。

勝利するたびにイスラエルは入植地を広げ、国連が統治するはずだったエルサレムを実効支配し、その地に長く住んできたパレスチナの民を迫害し、土地を奪い、虐殺まで行った。つまり自分たちがされたことと同じことを反復した。

そして二〇〇一年、オサマ・ビン・ラディンとアルカイダは、イスラエルをずっと擁護してきたアメリカに対して9・11テロを決行した。

つまりナザレのイエスがユダヤ教徒であったことを知らなければ、歴史だけではなく現在の世界が理解できなくなる。

だから今思うこと。イスラエル国家やシオニズムへの批判が反ユダヤ主義と見なされる風潮が示すように、自分たちの過去の過ちに畏縮した西側世界は、戦後ずっと、介入の仕方を間違え続けている。

ならばユダヤ人差別やオスマン帝国をめぐるイギリスの三枚舌外交、さらに啓典（ユダヤ、キリスト、イスラム）の宗教とは距離を置く日本は、西側世界とは違う提案を示せるはずだ。かつてオスロ合意でノルウェーが果たした役割のように、被害者意識が反転して危機意識が高揚するばかりのイスラエルに対して、ガザ地区の天井なき牢獄とはまさしくユダヤ人ゲットーの再来であり、ホロコーストの再来はハマスの攻撃ではなくあなたたちのパレスチナの民に対する苛烈で残虐で慢性的な攻撃なのだと、いさめることができるはずだ。

イスラエル・パレスチナ問題について語るとき、複雑すぎるがゆえに解決できないとのレトリックを口にする人は多い。確かにこれまでの歴史やエルサレムの成り立ちは複雑だ。でも過去はともかくとして現状はまったく複雑じゃない。イスラエルは国連決議を無視してパレスチナの民への緩慢なジェノサイドを続けてきた。そして二〇二三年一〇月七日以降、極右シオニストたちが集結したネタニヤフ政権はハマスの攻撃に理性を失い、ジェノサイドが加速した。

現在形は決して複雑ではない。そして僕たちは過去には介入できない。できるのは現在に対してだ。

かつてナチスドイツによるユダヤ人へのジェノサイドに世界は気づけなかった。でもイスラエルによるパレスチナの民へのジェノサイドは不可視じゃない。公然と行われている。そのリアルな映像を世界は目撃している。ならばイスラエルを止めるべきだ。ジェノサイドをやめろと声をあげるべきだ。これ以上のイスラエル擁護はやめろとアメリカに伝えるべきだ。

かき消される声

リレートークを終えてから、会場にいたピースボートスタッフの畠山澄子と少しだけ話した。TBSの「サンデーモーニング」の準レギュラーとしてテレビに出ている彼女は、「ここからガザまでは一八〇〇キロなんです」と僕に言った。

「知り合いもたくさんいます。彼らの現在を思うと本当につらい。でも今自分は、ピースボートのスタッフとして、船上での運動会やファッションショーなどの企画や運営なども手伝わなくてはならない。ジレンマです」

僕はうなずいた。当事者と非当事者。その線はどのように引かれるべきか。非当事者には何ができるのか。その問題は常にある。イスラエル・パレスチナ問題を考えるとき、僕はいつも、プリーモ・レーヴィについて思い出す。

アウシュヴィッツから生還したユダヤ系イタリア人作家のレーヴィは、収容所体験を記した

『これが人間か』で世界的に知られる作家となった。彼は、一九八二年のイスラエルによるレバノンへの軍事侵攻に対する抗議の声明に署名し、パレスチナ占領政策に対しても反対を表明し、同胞であるユダヤ人たちから激しい非難を受けた。一九八七年、レーヴィはアパートの階段から転落して死亡した（晩年に精神を病みうつ病に苦しんでいたという証言から、自殺とする説もある）。

レーヴィだけではない。イスラエルの今のあり方に異を唱えるユダヤ人は、実は決して少なくない。でもかき消される。少数派は常に多数派に圧倒される。

ピースボートでは、もう一〇年以上前になるけれど、イスラエルとパレスチナの若者たちを乗船させて議論させるという企画があった。このとき僕は乗船していなかったけれど、最初はまったく交流がなかった若者たちが、船上の生活を続けるうちに、少しずつ対話するようになったと聞いている。でも非当事者にできることはそれくらい。それも一〇年以上前だからできたこと。今はもうできない。船の上でこうしたリレートークをするくらいがせいぜいだ。

互いに互いを知ること。自分と同じように喜怒哀楽を持つ人なのだと気づくこと。それは何よりも重要だ。そのために何ができるのか。それぞれの国民全員をピースボートに乗せることはできない。思いつくのはメディアと教育。でもどちらも即効性はない。ならばまさしく今、多くの人が無慈悲に殺戮されて新たな憎悪が日々生み出されている現状において、非当事者である自分に何ができるのか。何をすべきなのか。

下船してから、公開直前のドキュメンタリー映画『ビヨンド・ユートピア 脱北』を試写で観た。

物語の軸となるのは大きく三つ。ひとつは、祖国である北朝鮮から脱出するために、いくつもの国境や川、険しい山岳地帯を越える五人家族の旅路。そしてもうひとつは、自分自身は脱北に成功したが、国に一人残されておそらくは強制収容所に入れられた息子の身を案じる母親の嘆き。三つめは、自由を求めて脱北する彼らを、強い使命感をもってサポートする韓国の人々の支援活動だ。

特に圧巻は、二人の子どもと夫婦、そして八〇代の老婆で構成される五人家族の脱出だ。まるでフィクション映画のようにスリリングだ。この映画のパンフレットへの寄稿を以下に引用する。

平壌へと向かう機内の乗客の半分以上は、ヨーロッパからの観光客だった。親子連れも少なくない。日本国内の報道だけに接している多くの日本人にとっては意外な光景のはずだけど、北朝鮮と国交を断絶している国は、実のところ世界においても少数派だ。現在も戦争当時国であるアメリカと韓国は別にして、国交関係がない国はフランスとカナダ、そして日本など数カ国だ。他のアジア諸国やヨーロッパのほとんどの国と北朝鮮は国交を結んでいる。

補足せねばならないが、これは十年前に僕が見た光景だ。その後に（国交は維持しながらも）在外北朝鮮公館を閉鎖する国が相次いだことは確かだ。ただしこの時点で金正恩体制はすでに始まっている。大きな変化はないはずだ。

空港では少し緊張した。税関や入国審査の職員たちの制服が軍服に見えるからだ。しかも一般男性の多くは人民服を着ているから、遠目にはやっぱり軍人と見分けがつかない。つまり平壌の第一印象はカーキ色だ。

空港を出たら携帯とＰＣは繋がらない。スマホを手にする市民は少なくないが、ネットはあくまでも国内限定だ。海外とは一切繋がらない。

情報を遮断する理由は明らかだ。今の体制を維持するため。代わりに国内メディアが国民に与える情報は、現体制と指導者のすばらしさと、アメリカ（と追随する韓国や日本）がいかに残虐で危険であるかのプロパガンダ。だからこそ我々は祖国のために戦わねばならない。そんな論調でメディアや教育は一色だ。

だから悔しい。もしも多くの国民が自分たちの国を外からの視点で見ることができるなら、今の独裁体制は大きく変わるはずだ。そう思いながらも、これは決して彼岸の話ではないと考える。かつて日本もそうだった。残虐な鬼畜米英。我々は誇り高き神の国。多くの国民がそう信じていた。ならばいつかきっと、北朝鮮だって変わることができるはずだ。

でもその日を待てない。だから脱北する人たちは少なくない。過去に成功した女性。自分は成功したが息子が強制収容所に入れられた母親。そして現在進行形で脱北しようとしている五人の家族とこれを援助する韓国人牧師。本作はその三つの視点が交錯する。

中国からベトナム、さらにラオス、タイと逃避行を続ける五人の家族については、まさしく今目の前で行動しているかのようにリアルだ。いやリアルで当たり前。ドキュメンタリーなのだ。でもなぜこれを撮れたのかと思いたくなるシーンが続き、まるで劇映画を見ているような気分になる。特に、年老いた祖母の最後の言葉は、国家の暴力性とプロパガンダの怖さを如実に表している。

平壌に到着して数日後、僕は市場に行った。人民服を買いたくなったのだ。普通なら旅行者は行けない。政府から派遣された通訳が、まあいいでしょうと同行してくれた。でも売られている人民服はみな小さい（北朝鮮の男たちはみな小柄で痩せている）。売り場のおばちゃんに、「僕に合うサイズの人民服はありますか」と訊ねれば、顔を上げないままおばちゃんは、「あなたに合うサイズはこの国にないわよ」と言った。思わず「金正恩がいるじゃないか」とつぶやけば、いきなり通訳されてあわてた。これはまずい。通報されるかもしれない。日本に帰れなくなる。

でも一拍置いてからおばちゃんは、それは言っちゃダメよという感じで腹を抱えて笑い出した。周りの人たちも笑っている。結局は何も買えないまま市場を後にした。（以下略）

映画を観終えて思う。あらためて思う。苦しんでいる人はたくさんいる。救いを求めている人もたくさんいる。ガザにも。ソマリアにも。南スーダンにも。北朝鮮にも。ウクライナにも。シリアにも。

何ができるのか。何をすべきなのか。問いはくるくる回るだけ。でも考える。考え続ける。今は他に何もできない。

（二〇二三年一二月三日）

すぐに消える大ニュース　コロナから裏金まで

人間の適応力

二〇二三年五月五日といきなり言われても、（僕も含めて）ほとんどの人は何のことやらわからないだろう。

この日、世界保健機関（ＷＨＯ）は新型コロナについて、「国際的に懸念される公衆衛生上の緊急事態（PHEIC）」宣言の解除を発表した。この三日後の五月八日、日本も新型コロナウイルスの感染法上の分類を、季節性インフルエンザと同じ「5類」に引き下げた。

もちろん5類になったとはいえ、ウイルスが根絶されたわけではない。感染する人は今も少なくないし、死者も出ている。

でも感染のリスクがあることや重篤な場合に死に至ることは、同じ5類に分類されているインフルエンザも同様だ。

ならばこの先、危険な変異株が現れる可能性はないのか。このパンデミックを引き起こした新型コロナウイルスは、流行当初の従来株からアルファ株やデルタ株などに変異し、現在はオミクロン株の亜系統が主流となっている。

弱毒化はウイルス全般の生存戦略だ。だって宿主（つまり新型コロナの場合は人）が死んだらウイルスも死滅する。致死率が低くて感染力が高いことがウイルスの理想なのだ。弱毒化は進行していると考えることが妥当だろう。

日本国内の現状を見る限り、都道府県別の感染者と死者の数が毎日アナウンスされ、飲食店やライブハウスには閑古鳥が鳴いて閉じる店も多く、会社でも学校でもみながマスク着用していた日々は、いつのまにか遠い過去になっている。5類に移行してしばらくは、マスクなしで外出することに不安を訴える人や、居酒屋でパーティションがないことに抗議や不満の意を唱える人が散見されたが、それもいつのまにかほぼいなくなった。観光地には多くの外国人観光客が押し寄せ、ライブハウスでは絶叫し、三年ぶりの忘年会や新年会で街はにぎわっている。

街を歩きながらつくづく思う。人の適応力はこれほどに強い。言い換えれば、環境に過剰に順応する。赤道直下のジャングルに暮らすこともできるし、北極圏や砂漠にも営みはある。だからこそ人類はこれほどに繁栄できた。

しかし強すぎる適応力には副作用がある。現在の場や空気に馴致され、抱くべき違和感が起動しなくなってしまうのだ。それは、現代日本のジャーナリズムの最前線にも端的に表れている。

個の弱さ

自民党と旧統一教会の距離の近さ、ジャニーズにおける性加害、さらに現在の自民党における裏金疑惑、最近のメディアをにぎわせるこれら三つの事件や不祥事には、二つの共通項がある。ひとつは、昨日今日ではなく何十年も昔からあったこと。そしてもうひとつは、多くのメディア関係者にとっては既成の事実だったということだ。

でもこれまで問題として提起されることはなかった。一人ひとりの記者やディレクターが組織や同僚たちの一部になってしまっていたからだ。日本の組織ジャーナリズムにおいては、この傾向がとても強い。

なぜなら一人ひとりの個が弱いからだ。

もちろん、群れて生きることを選択したホモサピエンスにとって、完全な個として生きることは不可能だ。一般の企業に勤める人ならば、マニュアルが果たす役割は大きいし、仕事中に個の感覚を必要以上に研ぎ澄ましたり要求されたりすることは少ないはずだ。

でもジャーナリズムという領域においては、現場で励起する怒りや悲しみ、あるいは義憤や使命感など、この感覚に依拠する度合いが強い。さらに、現場はいつも違う。一つひとつで解が異なる。マニュアルはあまり意味をなさない。組織の論理とぶつかることも頻繁にあるはずだ。

特に最近の日本の組織ジャーナリズムにおいては、企業（組織体）として完成度を高めようとする過程でコンプライアンスやガバナンス、あるいはリスクヘッジなど組織の論理が重要視される傾向が強くなり、個の感覚が組織の論理に収奪される度合いが大きくなっている。

その帰結として、記者やディレクターが個々の違和感を自ら抑え込むようになる。本来なら大きなニュースなのに、その感覚が駆動しなくなる。

近年の三つの大きなニュースは、まさしくその実例を如実に示している。

派閥とは何か

ここで裏金問題について少しだけ補足するが、この問題が表面化したきっかけは二〇二二年一一月六日のしんぶん赤旗日曜版の記事だ。このときは一面で、自民党五派閥が政治資金パーティー券を二〇万円超購入した大口購入者の名前を、政治資金収支報告書に記載しないままに脱法的隠蔽を行っていた、と報じている。

つまり今回の最初のスクープは「赤旗」だ。しかし大手新聞は動かない。赤旗の記事中でコメントを求められた神戸学院大学の上脇博之教授がその後に独自の調査を開始して、ほぼ一年後の二〇二三年一〇月に政治資金規正法違反の疑いで各派閥の会計責任者への告発状を東京地検に提出した。同年一一月にメディアが上脇教授の告発状提出を報じ始め、自民党の裏金問題はようやく大きなニュースとなった。

圧倒的に金額が大きいのは確かに安倍派（清和政策研究会）だけど、二階派（志帥会）と茂木派（平成研究会）、麻生派（志公会）に岸田派（宏池政策研究会）など、有力派閥のほとんどが疑惑の対象となっている。

と、ここまで書いて、そもそも派閥とは何か、と考える。一般的な定義としては、組織内において利害で結びついた人々によって形成する集団だが、政党における派閥については、理念や政策や主張に共通点のある議員たちの集団と考えればいいのだろう。

党内に派閥・分派はつくらないと規約に明記している共産党以外のどの政党でも、大なり小なりの派閥はあるのだろうが、自民党の派閥はあまりに数が多すぎる。しかも安倍派だけでも九九人。規模としてはひとつの政党だ。つまり自民党は多くの派閥が集まった連立政権であるとの見方もできる。

でもならば、いやだからこそ思う。理念や政策や主張に違いがあるのなら、派閥ではなく政党として独立して自民党から離脱すべきじゃないのか。

一週間で消える大ニュース

そんなことを思いながらテレビのニュースを見る。ハマスによるイスラエルへの奇襲攻撃以降、ウクライナ情勢についての報道量は激減した。それ以前にロシアがウクライナに武力侵攻したとき、それまで細々と続いていたミャンマーや香港の現状を伝えるニュースがほぼ消えた。盟友の綿井健陽によれば、とにかくミャンマー情勢は視聴率をとれないとのこと。だから報道の最前線からフェイドアウトする。ウクライナはもちろん、ミャンマーも香港も、現状は大きく報道されていたころと何も変わっていない（むしろもっと悪化している）のに、多くの人はもう興味を示さない。

そしてこの先、イスラエルによるガザへの無慈悲な攻撃がまだ続くのなら、視聴者はやがて飽き始め、いずれ次の話題にとって代わられる。

国外のニュースだけではない。自民党安倍派による裏金問題も（大物議員の逮捕などが起きないなら）あと数週間もすれば、報道の最前線から消える。ここ数年、報道の最前線の位置をずっと安定して保っているのは、何といっても大リーグの大谷翔平選手の話題だ。原稿を書きながらテレビをつけっぱなしにしているが（一応メディアウォッチは仕事のひとつなので）、今日は大谷が飼っている犬の名前を何度聞いたかわからない。

もしも一昔前ならば、この裏金問題で内閣は絶対にもたない。いや内閣どころか、自民党がもたないはずだ。一九八〇年代後半からリクルート事件（政財界に未公開株がばらまかれた汚職事件。贈収賄罪などで一二人が起訴。竹下内閣が総辞職）や東京佐川急便事件（東京佐川急便の元社長から五億円のヤミ献金を受け取った前自民党副総裁の金丸信が政治資金規正法違反で略式起訴されて金丸は議員辞職）などが続き、自民党を見限った国民は一九九三年、細川連立政権を誕生させた。

それから一六年が過ぎた二〇〇九年、安倍晋三、福田康夫、麻生太郎と就任一年で政権を投げ出す首相が続いたことなどで自民党の支持率は再び急落し、衆議院選挙で圧勝した民主党を中心とする三党連立政権が誕生した。

でも今は、自民党の歴史においても過去に例がないほどに一強の時代だ。旧統一教会問題で自民党に激震が走ったとき、二階俊博元幹事長が「自民党はびくともしない」と発言したことは記憶に新しい。確かにそうだ。自民党はびくともしない。政権交代など起きるはずがない。そう思いながらため息をつく。悔しいけれどそのとおりだ。

自民党の歴史は、吉田茂の自由党と、その自由党から離脱した鳩山一郎の日本民主党が合同した五五年体制以降だが、日本民主党は自由党の分派的政党だから、戦後の日本政治における与党のＤＮＡは、ずっと一貫されているとの見方もできる。

一九九五年には阪神・淡路大震災とオウム真理教による地下鉄サリン事件が起きて、不安と恐怖を喚起された多くの人はリベラルな村山政権を見限って再び自民党を支持し、二〇一一年には東日本大震災が起きて、やはり多くの人は民主党政権を見限った。

もちろん偶然とは思うけれど、この国は自民党の呪いがかけられているのではないか、と時おり本気で思いたくなる。

原稿を書きながら、僕はテレビニュースを耳で聞いている。また大谷翔平の愛犬の名前のニュース。この瞬間もガザ地区ではイスラエルの軍隊が多くの市民を殺害している。ウクライナ戦争もミャンマーの内戦も終わってない。経済秘密保護法や入管法改正の悪影響など国内でも伝えなければいけないニュースはいくらでもあるのに。

と書きながらも、テレビが大谷の愛犬の名前を他のニュースよりも優先する理由はわかっている。視聴率をとるからだ。それを一方的に責めるつもりはない。だって（NHKを除いて）テレビ局も新聞社も出版社も営利企業だ。利益を求めることは当たり前。大谷の愛犬の名前を知ることは入管法で強制的に国外退去を命じられる外国人家族の絶望を知ることよりも需要が大きいのだ。だから供給が増大する。つまり市場原理だ。

もちろん、ジャーナリズムは市場原理とは距離を置かねばならない。でもまったくの無縁でもいられない。だってボランティアではないのだ。記者やディレクターたちも生活があるし、取材や支局の経費だって必要だ。

ずっと思っている。メディアと社会と政治のレベルは、どの国でもほぼ同じだ。メディアは成熟しているのに政治は三流という国はない。社会は劣悪なのにメディアは素晴らしいという国もない。政治のレベルは一流だが社会の成熟度がどうしようもないくらいに遅れているという国もない。メディアは視聴者や読者たちによって規定され、そして政治家は有権者が選ぶ。三位一体なのだ。

二〇二四年度の報道の自由度ランキングで、日本は昨年より二ランク下げて一八〇カ国中七〇位となった。G7の中でも最下位。六四位のシエラレオネや四五位のトンガよりも下なのだ。そしてメディアのレベルが世界七〇位ならば、日本の社会や政治の成熟度も同ランクなのだと思ったほうがいい。

ここまでを書いてから、リモコンでチャンネルを替える。また大谷の愛犬の名前のニュース。僕は吐息をつきながらテレビの電源をオフにする。

（二〇二三年一二月一七日）

世界はグラデーションだ

二〇二四年三月一四日、同性カップル三組が国に損害賠償を求めた訴訟の控訴審判決で、同性婚を認めない現行法の規定は婚姻の自由を定めた憲法二四条一項などに違反すると札幌高裁は断定した。画期的な判決だ（ただし賠償請求に関しては一審に続いて棄却されたが）。

少しずつではあるけれど、明らかにジェンダーについての風向きが変わってきた。

セクシャルマイノリティを示す「ＬＧＢＴＱ」は、「Lesbian（レズビアン）」「Gay（ゲイ）」「Bisexual（バイセクシュアル）」「Trans-gender（トランスジェンダー）」「Queer/Questioning（クィア／クエスチョニング）」の頭文字で造語されている。

ちなみに「ＬＧＢＴＱ＋」の「＋」は、インターセックス（身体的性において男性と女性の両方の性別を有している）やアセクシャル（どの性にも恋愛感情を抱かない）も含めて、ＬＧＢＴＱに当てはまらないセクシャリティを示している。

現在の統計では国籍民族を問わず、どの国でも全人口に対して七〜九パーセントの割合でセクシャルマイノリティは存在しているとされている。つまりあなたが中学や高校時代に在籍していたクラスにも、ほぼ必ず数人のセクシュアルマイノリティがいたことになる。ならばそれはもう少数者ですらない。

あらためて書くまでもないけれど、恋愛や結婚は人生において、とても重要な意味を持つ。でもセクシャルマイノリティの人たちは、自分を偽装して生きなければならなかった。想像するしかないけれど、こんな人生に何の意味があるのかと思い悩み、自ら命を絶った人もきっと少なくないと思う。

世界はグラデーションだ。でも多くの人はわかりやすい分類を求め、メディアはこれに応えて情報を四捨五入してカテゴライズする。これは黒。あれは白。この国は正義であの国は悪。これは真実であれは虚偽。でも純度一〇〇パーセントの黒や白など実在しない。極論すればすべては濃淡だ。だからこそ世界は豊かなのだ。法律や制度も線引きや基準を求めるが、そもそもはグラデーションであるという前提を忘れなければ、施工や運用も今とは変わってくるはずだ。

トイレで混乱が起きないのか。時おりそんな懸念を耳にすることがある。でも考えてほしい。新幹線や飛行機のトイレは、以前からジェンダーで区分けなどしていない。誰もが使う。それで何の問題も生じていない。

もちろん過渡期においては、多少の混乱やハレーションは起きるだろう。でもそれが何だというのか。人口の七〜九パーセントいる人たちが、自分たちの性自認を当たり前のように口にできる社会を目指すことは絶対にまちがっていない。

（『生活と自治』二〇二四年五月号）

地下鉄サリン事件は終わっていない

久しぶりのテレビ出演

二〇二四年三月二一日夜、ABEMAのニュース番組に、パネリストとして出演した。正確にはインターネットテレビだから地上波ではないけれど、テレビ出演は久しぶりだ。

時おりテレビから出演依頼がある。あくまでも時おりだ。せいぜいが年に一回か二回。でもここ数年は、ABEMAも含めて民放の番組は基本的には断ることにしている。

テレビ出演のオファーが来始めたのは、『A2』発表後しばらくしてからだったと思う。今も覚えているが、最初の依頼はNHKの「真剣10代しゃべり場」だった。高校生たちとの討論番組。このときのテーマは思い出せないが、この時期の僕は「反社会的な映画を撮ってオウムを擁護する監督」みたいなイメージが強かったから（今もそうかもしれない）、NHKのディレクターから出演依頼が来たときは驚いた。しかも中高生とのディスカッションだ。

収録は無事終了して放送もされたけれど、後日談がある。このディレクターと数年後に会ったとき、いきなり「あのときは申し訳ありませんでした」と謝罪されたのだ。何を詫びているのかわからなくてきょとんとしていたら、「森さん、気づいていなかったのですか」と言われて、ますますわからなくなった。

その後の彼の説明によれば、僕を出演させることになかなか同意しなかった番組プロデューサーが出演の条件として、森達也の紹介テロップから『A』と『A2』に関する記述を外せ、と彼に指示したらしい。

「テロップ入れは収録後の作業ですから、もちろん収録当日の森さんにはわかりません。でもあとでオンエアを見た森さんから抗議が来ることは覚悟していたのに、何もなかったですね」

「だって気づきませんでした」

そう答えながら、この時期の自分の紹介テロップから『A』と『A2』を外したら、いったいどんな紹介になるのだろうと考えた。ほぼ何もない。ただの無愛想な中年男だ。テレビを観ていた人たちも、「この男はいったい何者なんだ」と首を傾げただろうな。

とにかくこのときが、僕にとってはテレビ初出演。その後は年に数回ではあっても、累算すればテレビにはけっこう出演した。

いちばん喜んだのは父と母だ。大学は一年留年して卒業はしたが就職しないまま二八歳まで皿洗いなどのバイトで食いつないでいた息子が、テレビで識者のように扱われることが嬉しかったことは想像がつく。だから半分は親孝行のつもりで出演した。その二人が相次いで他界した今、テレビに出ることの意義を感じなくなった。

とは言ってももちろん、テレビは大きな影響力があるから、映画を発表する前などはできる限り出演する。でもそうした目的がない今は、出る意味と意義を見出せない。いやむしろ怖い。

そういえば一年ほど前にTBS「サンデージャポン」から出演依頼があったけれど、このときは即答で断った。そもそもアドリブに弱いから寡黙になる。しかも顔は不愛想。スタジオトークなどできるはずがない。絶対に後悔することになる。

少数派の視点

そういえばあまり深く考えずにテレビに出演していたころ、読売テレビの「たかじんのそこまで言って委員会」から出演依頼があって、やっぱり深く考えずに（というか関東では放送されていないので番組についてよく知らないまま）出演したことがある。

収録当日、新幹線が遅れて読売テレビのスタジオにぎりぎりの時間に着いて啞然とした。ひな壇に座っているパネリストたちの顔触れは、（思い出せる範囲で書くけれど）門田隆将に金美齢、竹田恒泰に勝谷誠彦に三宅久之など、いわゆる保守の作家や評論家ばかりだった。

このときは総合MCのやしきたかじんは健在だった。収録がどのように進行したかもうほとんど覚えていないけれど、ひとつだけ鮮明な記憶がある。拉致問題がテーマとなったコーナーで、今後日本は北朝鮮に対してどのような姿勢で臨むべきか、手持ちのフリップに書いてくださいと司会の辛坊治郎に言われて、僕は「国交正常化」と書いた。司会の合図で一斉にフリップをカメラに向けるのだが、隣に座っていた金美齢が僕のフリップをのぞき込み、「あーら。今どきまだこんなこと言う人がいるのねえ」と笑いながら言ったのだ。

拉致問題を解決するためには国交正常化がいちばんの早道です。小泉訪朝でその道筋ができたのに、その後に日本国内では北朝鮮憎しの世相がヒートアップして、結果として拉致問題の解決は遠のいた。拉致問題だけではない。アメリカと韓国は現在も北朝鮮と敵対する戦争当事国です。一九五三年に休戦協定は結ばれたけれど、朝鮮戦争はまだ終わっていません。でもその戦争当事国の側に、なぜ日本が加わらなければならないのですか。今の日本が目指すべきは、アメリカ・韓国と北朝鮮のあいだの調停ではないでしょうか。

そう反論したかった。でも僕はこのとき、金美齢をよく知らなかった。キンさんなのかキムさんなのか、何と呼びかければいいのかわからず、一瞬だけ間が空いてしまい、気がついたら次のコーナーに移っていた。テレビを観ている人からは、言われて何も反論できずに黙り込んでいると思われただろう。

基本的に反射神経が鈍いのだ。だからやっぱりテレビ向きではない。一回だけテレビ朝日の「朝まで生テレビ!」に出演したときも、最後までほとんどしゃべれなかった。だってしゃべろうとすると誰かがしゃべっている。それを押しのけてしゃべることができない。反射神経が鈍いうえに気が弱い。やっぱり徹底してテレビ向きではない。だから今は、民放からの依頼は基本的には断る。でも二つだけ、この依頼なら前向きに対応しようと考えているテーマがある。

死刑問題とオウム関連だ。

死刑制度について考え始めたころ、僕は制度の存廃については確信が持てなかった。でもその後もいろいろ取材を重ね、今は迷うことなく廃止すべきと考えている。そしてオウムについても、麻原を含めて一三人の処刑は絶対に阻止したかったし、何よりも心神喪失だった（今は断言できる）麻原を被告人とした麻原法廷の欺瞞と過ちについては、何度でも強調したいと思っている。

そしてこの二つに共通することは、僕の視点は日本国内において絶対的に少数派だということだ。内閣府のアンケートによれば、日本国民の八割は死刑制度を支持している。そして麻原法廷についても、疑問を持つ人はほぼいないだろう。いやむしろ、麻原は裁判の途中で訴訟能力を失ったと考える人よりも、裁判では責任逃れに終始して不利な情勢になったら卑劣に沈黙した（ほとんどのメディアはこの論調だった）、と記憶している人のほうが、はるかに多いだろう。

ABEMAから出演の依頼があったのは三月一九日。電話だった。初めて話すディレクターはゆっくりと落ち着いた声で、オウム真理教について、あるいは地下鉄サリン事件について、番組のコア・ターゲットである若い世代に説明してほしいのです、と言った。

即答はできなかったけれど、でも前向きに考えますと言ってそのときは電話を切った。オウムについてなら話したいと考えただけではなく、ディレクターの声と語り口が、いわゆるテレビディレクターのステレオタイプであるかん高くて早口であるというイメージとはまったく違い、この人なら信頼できるかもと思ったのだ。その後に何度かやりとりをして、最終的に出演を承諾した。

発言にスタジオが緊張

地下鉄サリン事件から二九年が経った三月二〇日が過ぎて二一日の夜、オウム真理教のコーナーが始まる少し前に僕はスタジオの椅子に誘導された。司会の平石直之テレビ朝日アナウンサーは前回も一緒だったはずだ。レギュラーの佐々木俊尚とは、これまで何度か話したことがある。でも漫才コンビのEXITは（テレビで見かけることはあったけれど）会うのは初めてだし、モデルの今井アンジェリカとミュージシャンのヤマトパンクスはまったく知らなかった。出演時間はほぼ四〇分だったけれど、あまりしゃべれなかった。どちらかと言えばレギュラーのほうが饒舌だったと思う。

ただし「オウムの信者には善良な人が多い」「当時取調べ担当の刑事に聞いたけれど林泰男は本当にいい奴」「オウム以降に現れてメディアが追いかけ回した白装束集団（パナウェーブ研究所）は何の悪事も働いていない」など、佐々木の論点はほぼ僕と重なるので、黙ってうなずきながら聞いていた。

スタジオが少しだけぴりりとしたのは、僕が「麻原は心神喪失状態なのに裁判を無理やりに進行させたからこそ動機がわからなくなった」と言ったときだけど、誰も反論はしなかった。

いずれにしても、オウムを語るためには四〇分はあまりに短い。しかも僕や佐々木だけではなく、他のパネリストたちの発言もここに入ってくる。麻原の遺骨の返還を遺族（次女）が求めているのに国はこれに応じようとしないという話題になったとき、今井アンジェリカが、「でもたくさんの人を殺したのだから遺骨くらいは返ってこなくても仕方がない」と発言して、このときはいったいどこから反論すべきなのかと困惑した（結果としてはスルーしてしまった）。

放送が終わって局を出ると同時に、ディレクターから電話が来た。今日は申し訳ありません、と詫びたディレクターは、佐々木さんのスイッチが入ってしまって平石が対応できずに後半は段取りになってしまいました、と言った。

確かにそのとおりだけど、まあでもそこそこ言いたいことは言えました、と僕は答えた。けっこう本音。だってそもそも、テレビに過剰な期待はしていない。特に民放ならば、視聴率が最優先されることは当たり前だ。そしてその視聴率は、この国の等身大の民意を反映している。オウム真理教や集団化やメディアの問題について専門家ではない芸人やモデルをパネリストに配置する理由を問われれば、「視聴者目線を入れるためです」との答えが返ってくることは想像がつくが、本音としてはそのほうが視聴率に貢献するからだ。

出演の翌日、目を覚ましてから身体が重いことに気づく。食欲もない。コロナ禍のときに買った体温計で熱を測る。三九度二分。そもそも平熱が低いから、これはかなりつらい。

一日寝ていた。尋常じゃないくらいに寒い。布団の上にさらに毛布を何枚も重ねた。でも風邪の症状とは微妙に違うような気がする。もちろんコロナでもない。ならば原因は何か。久しぶりのテレビ出演の後遺症かもしれない。いやきっとそうだ。

だから教訓。やはり馴れないことはするものじゃない。

（二〇二四年三月二四日）

「味方をしてくれというつもりはない」パレスチナ難民キャンプ

ニュース言葉への違和感

今日の日付は二〇二四年六月三日。イスラエル・パレスチナ問題について最新の（大きな）ニュースは、アメリカのバイデン大統領がイスラエルとハマス双方に呼びかけた停戦への新提案だ。以下は六月一日二一時三四分に配信されたＮＨＫのウェブニュースだ。

（前略）アメリカのバイデン大統領は、31日、イスラエルがハマスに対し、戦闘休止などに向けて新たな提案を行ったと明らかにし、受け入れるよう求めました。

提案は3段階に分かれ、
▽第1段階では6週間、戦闘を休止し、イスラエル軍がガザ地区の人口密集地から撤退するとともに、収監しているパレスチナ人を釈放する代わりにハマス側が女性や高齢者などの人質を解放するとしています。
▽第2段階では恒久的な停戦や残りの人質全員の解放を進めること、

▽第3段階では復興計画の開始などが含まれているということです。

イスラエルの首相府はバイデン大統領の演説のあとに声明を出し「ネタニヤフ首相は交渉団に人質解放という目標を達成するための提案を示す権限を与える一方で、人質の解放とハマスの壊滅という目標が達成されなければ戦争は終わらないとしている。条件をつけて段階的に移行するというイスラエル側の提案はこうした原則を維持することを可能にする」などとしています。

イスラム組織ハマスは31日、アメリカのバイデン大統領が演説で言及した提案について「肯定的に受け止めている」とする声明を発表しました。

声明では「イスラエルが提案を実行すると明言するならば、恒久的な停戦やイスラエル軍のガザ地区からの完全な撤退、避難民の帰還などに基づくいずれの提案にも、積極的かつ建設的に応じる用意がある」としています。（後略）

バイデンのこの提案に対して国連のグテーレス事務総長は、「これが恒久的な平和に向けた当事者間の合意につながることを強く望む」とするコメントを出し、EUのボレル上級代表はSNSで「戦争を今すぐに終わらせなくてはならない」として、提案を全面的に支持する考えを示している。

何だろうな。既視感だらけ。ハマスが奇襲攻撃をしかけた二〇二三年一〇月七日以降、ずっと同じことをくりかえしている。予想だけど、ハマスが仮にこの条件を飲んだとしても、ネタニヤフ首相は連立する右派政党の意向を配慮して前言を翻す可能性は高い。ならばやっぱり同じことの繰り返しだ。既視感ともうひとつは違和感。特に報道で使われる言葉に対して。

少なくともガザ地区をめぐる今の状況については、「戦争」という言葉は当てはまらない。戦車に投石する少年たちが体現するインティファーダも含めて、この構図はあまりに非対称だ。戦争とは言えない。とはいえ、アメリカ従属が大前提である日本のパブリックメディアとしては、「虐殺」はさすがに使えない。そんな葛藤が「戦闘」という言葉に表れているのだろうか。それと「恒久的な停戦」という言葉の意味がわからない。本音としてはパレスチナの民を「約束の地」から一人残らず駆逐したいネタニヤフがこのフレーズを使ったのかもしれないが、いずれにせよ恒久的に停戦するならば、それは「終戦」と訳すべきではないのか。

既視感と違和感だらけではあるけれど、これまでの経緯と違いがあるとしたら、イスラエルに対する国際社会総体としての温度だろう。二〇二四年五月二八日以前には一九三の国連加盟国のうち一四六の国がパレスチナを国家として承認していたが、五月二八日にはノルウェーとスペイン、アイルランドの三カ国が、その二日後にはスロベニアも新たな承認を表明した。パレスチナに対する姿勢の変化というよりも、国家承認に激しく反発するイスラエルに対する変化だと思う。

『ハッピー・バースデー、ミスター・モグラビ』

ここまでを書いて考えた。イスラエル・パレスチナ問題について、僕はいつ知ったのだろう。いつから意識し始めたのだろう。

パレスチナ解放人民戦線（ＰＦＬＰ）が計画して日本赤軍三名が実行部隊となったテルアビブ空港乱射事件が発生したのは一九七二年。僕は中学三年生。事件は世界的なニュースだったから記憶にはあるけれど、日本の過激派が海外でテロ（この時代にテロという言葉は一般的ではなかったはずだけど）を起こしたくらいの認識だったと思う。この時点では背景や理由についての知識はほぼ白紙だったはずだ。

少なくとも高校の世界史で習った記憶はない。ただし中東戦争について教科書が触れないはずはないから、シオニズムという言葉を教えられたかどうかはともかく（たぶん教えられていない）、イスラエル建国くらいは習ったはずだけど、もちろん深くは考えていない。テレビの仕事をしていた二〇代後半から三〇代にかけて、パレスチナ問題について深く考えた記憶もない。

いやそもそもこの時期の僕は、政治や社会については全方位的に、深く考えることはしなかった。選挙すらまともに行っていない。

やはりスタートは、『Ａ』撮影と発表の時期である三〇代後半から四〇代にかけてだ。一九九六年からほぼ一年と半年、僕は一人で（ロケの後半はプロデューサーの安岡卓治が同行することが多かったけれど）オウム施設に通い続けた。言い換えれば異界と俗世を往復し続けた。ただし異界にいたのは異人ではない。僕たちと何も変わらない人たちだ。でもオウム施設から振り返れば、今まで自分が帰属していた社会が異界となり、メディアや警察や一般社会に帰属する人たちのこれまで見えなかった部分が見えてきた。この撮影を通して、メディアやドキュメンタリーに対する認識が大きく変わっただけではなく、自分自身も変化した。

『A』がプレミアム上映された一九九八年の山形国際ドキュメンタリー映画祭で、コンペティション作品のひとつだった『ハッピー・バースデー、ミスター・モグラビ』を観た。監督はイスラエル人のアヴィ・モグラビだ。

『ハッピー・バースデー、ミスター・モグラビ』の概要をざっくりと説明すれば、メインの被写体は監督であるモグラビ自身だ。つまりセルフ・ドキュメンタリーとの見方もできる。母国の建国五〇周年記念の映画制作を依頼されたモグラビは、ほぼ同じタイミングで誕生日を迎え、さらにパレスチナからも自分たちの被害の記憶（ナクバ）をテーマにした記録映画の監督を依頼される。自分はどちらの立場なのか。悩むモグラビは、ちょうどこの時期に引っ越しする予定だった。ところが新居の完成が遅れて引っ越しができず、今住んでいる家の買主からは強硬に立ち退きを要求されている。

自身をめぐるこれらの混乱と騒動をカメラが記録する。でも観客は途中で気づく。どうやらこれはフェイクだ。そもそもユダヤ人であるモグラビにパレスチナが国家的な仕事を依頼するはずがない。ただしどこまでがフェイクなのかわからない。引っ越しのエピソードは本当かもしれないし、建国五〇周年の映画制作も本当かもしれない。あるいはすべてがフィクションである可能性だってもちろんある。

こうした作品も（本人が自称すれば）海外ではドキュメンタリーとしてカテゴライズされることにまずは驚いた。同時にイスラエル・パレスチナ問題の複雑さと現状を知った。

ちなみにこのとき、『A』を観終えたモグラビが「監督に聞きたいことがある」と言っていると映画祭スタッフから伝えられ、山形市内のカフェで一時間ほど話をした。僕と彼は同年齢だ。でもモグラビはとにかく髭面で怖い。しかも大男だ。何を質問されるのだろうと内心はびくびくしながら挨拶してすぐに、「作品についての責任をおまえはどう考えるのか」と訊かれ、少し考えてから「責任なんかとれるはずがない」と答えた。無言でしばらくうなずいてからモグラビは、「わかった。その答えを聞きたかった」と言いながら破顔一笑した。

この後にパレスチナ問題をずっと撮ってきた古居みずえや土井敏邦のドキュメンタリー映画を観て、同様にパレスチナ問題を継続的に取材している綿井健陽や豊田直己、広河隆一など戦場ジャーナリストたちの写真や文章に触れた。

アウシュビッツ強制収容所に足を運んだのもこのころだ。展示されたユダヤ人の遺品や膨大な髪の毛（生地にする予定だったらしい）、チクロンBの空缶を見たりガス室や焼却炉に案内されたりしながら、凄まじい被虐の記憶に震撼した。でも同時に違和感も持った。一方的な被虐の記憶は加害側をモンスター化すると考えた。ならば当時のナチスドイツに帰属する人たちは、みな血に飢えた野獣のような存在だったのか。あるいはナチスを支持した一般国民の多くは、冷酷で残虐な人たちだったのか。もちろんそんなはずはない。このときはアウシュビッツだけではなくドイツ国内のザクセンハウゼンなど多くの強制収容所を訪ねたけれど、そのたびに違和感は大きくなった。

難民キャンプにホームステイ

『A』に続き『A2』を発表して数年後、二万人近いパレスチナ避難民が暮らすヨルダンのスーフ難民キャンプのアルヘンリー家にホームステイした。この家に暮らす五人兄弟と夕方にはキャンプ内の市場に行き、露店で揚げたてのファラフェル（ソラマメとヒヨコマメのコロッケ）を買い食いしたりカフェでトランプに興じたりした。家に戻れば食事の用意ができていた。ようやく台所から出てきた母親と長男の妻に挨拶する。夕食のメニューは、鶏肉のケバブに、パセリやトマトをたっぷり使ったタボーレというサラダ。ナスをペースト状にしてスパイスを効かせたモウタベル。他にもたくさんの料理が並べられている。

食事後に風呂。しばらく待たされた。案内されたバスルームは、コンクリート打ちっぱなしの小さな個室だった。もちろんバスタブなどない。シャワーだけだ。お湯は出ない。まあそれは当たり前。でもアルヘンリー家のバスルームの床には、一〇個ほどのプラスティックのバケツやタライらしきものが並べられていて、中には熱いお湯がたっぷりと入っていた。日本人は入浴の際にお湯を欲しがると聞いていた兄弟たちが、鍋で沸かした湯をバスルームまで運んだのだ。

夜中に兄弟たちとパソコンでガザ地区の映像を見た。イスラエルの砲撃で破壊されるガザの街。イスラエル兵に銃撃される子どもたち。地面に転がる家族の焼死体。モザイクなしだ。無言で見ていたら、「日本人はパレスチナ問題に関心を持っているのか」と三男に質問された。

「……正直に言えば、関心を持つ人はあまり多くないと思う」と僕は言った。

「おまえ自身はどう思っている？」

「複雑だよ。簡単には言えない」

「味方をしてくれというつもりはない」と長男が言った。

「でもせめて現実を知ってほしい。ガザとヨルダン川西岸地区で何が起きているのか。おれたちはなぜ故郷に帰れないのか。残った同胞たちはどんな日々を送っているのか。せめて知って考えてほしい」

このときに自分が何と返事をしたのかは覚えていない。何も言えないまま、うなずいただけかもしれない。

この時期に、ホロコーストでのサバイバーであると同時にイスラエルによるパレスチナ占領政策に反対を表明し続けた作家プリーモ・レーヴィの『これが人間か』を読んだ。頭脳警察のPANTAが、「響」のユニット名でパレスチナ問題をコンセプトにしたアルバム『オリーブの樹の下で』をリリースしたのは二〇〇七年。もちろん全曲聴いた。そしてやはり同時期に、連合赤軍事件をテーマにしたシンポジウムにパネリストとして参加して、多くの赤軍派関係者と知り合いになり、平壌に行ってよど号メンバーたちの家で寝食を共にした（そのときに書いた一篇を本書に収録した）。レバノンの映画祭に行ったときは、テルアビブ空港乱射事件の実行犯の一人でアラブにとっての英雄である岡本公三に会えるかもしれないとの情報が届いて、このときはさすがに緊張した（結局は会えなかった）。

そして今は思う。多くのユダヤの民が差別され迫害されて苦しみながら死んでいったことは確かだ。しかもそんな時代が二〇〇〇年以上も続いた。その歴史を知ることは大切だ。でも一九四八年のイスラエル建国以降、パレスチナの民を差別して迫害してきたのは、シオニズム思想に染まったイスラエルの側だ。それは現在のネタニヤフ政権でピークに達しているけれど、建国以来ずっと常軌を逸してきたのはイスラエルの側だ。

ここでは最後に、村上春樹がエルサレム賞を受賞したときのスピーチの一部を引用する。そもそも他の作家の言葉を安易に引用すべきではないとは思うけれど（しかもよりによって村上春樹だ）、このスピーチを初めて読んだとき、僕はとても感動したし共感もした。ほぼ完璧だと思うからだ。全文はこの数倍はある。できれば全部読んでほしい。ネットで検索すれば見つかるはずです。

（前略）とても個人的なメッセージを伝えさせてください。私が小説を書く時にいつも、心にとめているものです。紙に書いて壁に貼るようなことはしていません。むしろ心の壁に刻まれているもので、次のようなメッセージです。

「高く強固な壁とそれに打ち砕かれる卵があるなら、私は常に卵の側に立つ」

壁がどれだけ正しく、卵がどれだけ間違っていたとしても、私は卵の側に立ちます。何が正しく間違っているかは他の誰かが決めるでしょう。おそらく時間や歴史が決めることでしょう。もしも、何らかの理由で壁の側に立つ小説家がいたとしたら、その作品にどんな価値があるといえるでしょうか？

このメタファーは何を意味するでしょうか？とても単純で明確な時もあります。高く強固な壁は爆撃機や戦車、ロケット、白リン弾です。卵はそれらに押しつぶされ、焼かれ、撃たれる、武器を持たない市民です。それがこのメタファーが持つ意味の1つです。

しかしもっと深い意味もあります。こう考えてみてください。私たちそれぞれが、多かれ少なかれ卵なのだと。私たちそれぞれが、壊れやすい殻に閉じ込められた、ユニークでかけがえのない魂なのだと。私もそうですし、みなさんもそうです。そして私たちそれぞれが、程度の差はあれ大きな壁に直面しています。

その壁には名前があります。「体制（システム）」です。体制は本来私たちを守るためのものですが、時に独り歩きして私たちを殺し始め、私たちに人を殺すよう仕向けます。冷酷に、効率よく、システマチックに。（後略）

（安田聡子「村上春樹さん「常に卵の側に立つ」ガザ侵攻したイスラエルで伝えた、たった一つのメッセージ【改めて読みたい】」HUFFPOST　二〇二三年一〇月二五日）

（「森達也のＦＡＫＥな世界」二〇二四年六月一九日）

パレスチナと愛国心

過剰な自衛意識が肥大するとき

パレスチナ問題について考えるとき、ずっと僕はひとつのジレンマを抱えている。ただしそのジレンマは、今のイスラエルやネタニヤフ政権（シオニズム）を批判することは反ユダヤ主義になるのではないかとか、二〇〇〇年以上にわたって辛酸を舐めてきたユダヤ人がなぜこれほど攻撃的になるのかとか、そんなレベルの煩悶から派生するものではない。

上の二つについてざっくりと書けば、今のイスラエルやネタニヤフ政権を批判することと反ユダヤ主義はまったく別物だ。ユダヤ人の知り合いはたくさんいるし、彼らの多くは今のイスラエルやシオニストたちの思考は決して正しくないと考えている。そもそもユダヤ人に対するフォビアは（多くの日本人と同様に）僕の中に一ミリもない。

被害の側にいたユダヤ人が加害の側に反転していることについても、得心はできないがとりあえずは納得できる。そのメカニズムのひとつは、長く差別され迫害されてきたからこそ剝きだしとなった過剰な自衛意識だ。そしてもうひとつの要因は、長く差別して迫害する側にいたからこそ、ナチスドイツによるホロコーストが明らかになったとき、西洋社会（キリスト教文化圏）が共有したユダヤ人に対する後ろめたさだ。だからこそ国連決議を守らないイスラエルに対して、欧米を中心とした国連安保理は強く諌《いさ》めることができなかった。

イスラエルは事実上の核兵器保有国でありながら、中東地域で唯一のNPT（核兵器不拡散条約）非加盟国だ。アラブ二二カ国からなるアラブ連盟は何度もIAEA（国際原子力機関）の査察受け入れなどを求めてきたが、イスラエルはこれに応じようとしない。二〇一三年のIAEA年次総会でアラブ連盟はイスラエルに対してNPTへの加盟などを求める決議案を提出したが、これに反対したのはアメリカとヨーロッパの国々、そしていつものようにアメリカに追従《ついしょう》する日本だ。

このときもやはりアラブ連盟の訴えは否決された。ちなみにNPTに加盟するイランは大規模原子力施設の建設に着手しただけで、核兵器開発のための二〇パーセント濃縮ウランの製造が狙いではないかと欧米から批判され、今も経済制裁を受けている。イランの真意はともかくとしても、核兵器を持つことが公然の秘密となっていて制裁などまったく受けていないイスラエルに比べれば、あまりにアンフェアだと言いたくなることは当然だ。二〇二四年六月九日に、イスラエル軍が人質四人を奪還する作戦を決行したときに巻き添えとなって死亡したパレスチナ住民二七四人が示すように、イスラエルとアラブの関係はずっと不均等であり、イスラエルはアメリカの庇護とヨーロッパの負い目をメカニズムとして特権的な位置にあり続けてきた。

ホロコースト発覚から六九年が過ぎるけれど、ヨーロッパは相変わらずユダヤ差別の過去に畏縮しているし、アメリカにはユダヤロビーが行使する圧力もある。だから（もう一度書くけれど）、イスラエルの現状に対しては、得心も肯定もまったくできないけれど、過剰な自衛意識が周囲からの干渉がないままに肥大すれば、こんな化けもの国家になるだろうなと事の帰結として納得はしている。ジレンマなど感じていない。

ここまで書いたのだからさらに書けば、今回のガザ侵攻で、あるいはもっともっと前から、批判されるべきは常にイスラエルの側だ。パレスチナの民が六六年前のイスラエル建国以来、どれほどの過酷な状況に置かれてきたか、それはここに書くまでもない。最初から現在まで一貫してイスラエルは加害者であり、パレスチナは被害の側にいる。怒りや苛立ちはあるけれど、ここにもジレンマなどない。

世界はひとつになれるのか

ならば僕は何を悩むのか。何と何を二律背反しているのか。何が定位で何が反位なのか。

一言にすれば国と命だ。

自分たちの国を取り戻して自分の祖先が生まれた土地で暮らしたいと願うパレスチナの人たちの心情はわかる。そもそも一方的に強奪されたのだ。泣き寝入りなどできるはずがないとの怒りは当然だ。

でも同時に、その願いはこれほどに多くの命を犠牲にしてまでも達成しなくてはならないことなのか、との思いもある。

二〇二四年一〇月七日以降、ガザ地区へのイスラエル軍による攻撃で三万五〇〇〇人以上が虐殺された。ならばイスラエル建国のナクバ（破局／大惨事の意。第一次中東戦争で七〇万人以上が故郷を追われ避難民になった）以来、いったいどれほどの数のパレスチナの民が殺害されてきたのだろう。おそらくは数十万じゃきかない。百万単位かもしれない。命を数で数えることに抵抗はあるけれど、でもこれほどの数の命に見合うだけの価値あるものは、世界のどこにあるのだろうと考えてしまう。

そしてこの（僕自身の私的な）ジレンマは、今のウクライナ領土で行われているロシアとの戦争についても同様だ。もしもこの戦争にウクライナが負けたらロシアの帝国的野心を肯定することになるとか、その後の欧州はさらに不安定になるとかの論点については理解しているけれど、でも同時に、人の命を天秤にかけるのなら領土なんか渡してしまえばいいと、意識のどこかで思っていることも確かだ。

今日（これを書いている六月一六日）、昼のワイドショーか情報番組なのかわからないけれど、どうしたら世界はひとつになれるのかとの命題に対してビートたけしや他のパネリストたちが、宇宙人が攻めてきたらいいんだと今さらの話をしていたけれど、この命題に対して僕はずっと、人類が国家という概念を捨てればいい、と思っている。

村があって町がある。その町を包摂して市があって県があり、さらに国家がある。行政単位はこのように同心円を描くけれど、国家をさらに包摂する地域（ヨーロッパならＥＵ）も含めて、この境界の中では国家というラインが突出して太くて濃い。

国民国家の発祥が一七世紀のヴェストファーレン条約以降なら、それから三五〇年以上が経過して、人類はそろそろ次のステップに移行してもよいのでは、と時おり本気で思う。国境線は消えました。だからヴィザやパスポートも廃止。もちろん行政単位として国家の枠組みは残るけれど、それは村や県の境界と同じです。好きなときに好きな場所に行ってください。居住する場所ももちろん自由です。

そんな世界を時おり夢想してしまう。オリンピックも当然様変わりする。国家単位の競争ではないのだ。南半球と北半球の対抗戦。いやそれでは北半球が有利すぎるか。ならば四年ごとにクジで紅組と白組を決めればいい。最終日には、マラソンのあとに紅組と白組に分かれて綱引きだ。

……百数十年前までこの国は、藩の境界には関所があって、簡単には移動できなかった。いまは自由に行き来できる。国境も同じだ。消滅させることは決して不可能ではないはずだ。ならば国民という概念も消える。国家間の戦争など起こりえない。

だから自分でも思う。言われる前に言う。まさしく僕は非国民だ。

もちろん、仮にその状態になっても、民族や宗教の争い、地域間の紛争は続くはずだ。さらに言えば、国益を求めるナショナリズムとパトリオティズムは違う。後者が意味する、自分や祖先が生まれ育った土地に対する愛着は僕にもある。誰にも否定できない。今のガザ地区やヨルダン川西岸地区で戦う人たちの多くは、国家としての利益よりもむしろ土地を取り戻したいという思いのほうが強いのかもしれない。それは分けねばならない。

でも人為的な国境線へのこだわりや忠誠は、そろそろ次の段階に進んでもいいのでは、と思うのだ。

パレスチナに連帯したい。ウクライナを応援したい。でももしも目の前で、「祖国のためにこの命など惜しくない」「自分の家族や同胞、愛する人たちのために戦うのだ」などとハマスの戦士やウクライナの兵士に言われたら、もちろん彼のその思いや覚悟を正面から否定することなどできないけれど、僕はきっと曖昧にうなずきながら、湿ったため息をつくはずだ。臆病者と言われればその通りですと答えるだろうし、二度と俺の前に現れるなと言われたらわかりましたと退散するはずだ。

僕のこの煩悶やジレンマを共有できる人は、きっととても少ないことも承知している。おまえは偏り過ぎだと言われれば、そうですよね、と同意する。でも偏ってはいるけれど、こんな視点もあるのかと思いながら読んでほしい。ここまで書いておいて今さらだけど、実は炎上がいちばん怖い。

（「森達也のＦＡＫＥな世界」二〇二四年六月一九日）

Ⅳ

無限の自分を想像すると少しだけ楽になる

くすぶり続けるもの『いちご白書』

時々考える。ジェームズ・クネンは今どこにいて、何を思っているのだろうかと。

映画『いちご白書』が公開されたのは一九七〇年。僕は十四歳だった。新潟市内の名画座で、この映画と併映の『イージー・ライダー』を観たのは、翌年である一九七一年。僕は十五歳、つまり中学三年生だ。

もしもこの二つの映画を観たことがある人なら、想像してほしい。それまでに劇場で観た映画は、ゴジラやガメラやキングギドラやギャオスやモスラなどが登場する怪獣映画全般と、学校で強制的に映画館に連れてゆかれた『サウンド・オブ・ミュージック』と『メリー・ポピンズ』くらいだった中学生に、この二つの映画がどれほどの衝撃を与えたかを。

十五歳の子どもにとって、この二つの映画が掲げる「国家と個人の相克」というテーマは、当然ながら何のリアリティもない。でも感応した。ポップコーンやおせんべいの欠片が足下に散らばる場末の名画座の暗い客席で、僕は体を硬直させながら、必死にスクリーンを凝視していたはずだ。

髪が長いというだけの理由で、ピーター・フォンダとデニス・ホッパー演じる二人の若者が唐突に射殺される『イージー・ライダー』のラストは、とにかく衝撃的だった。そしてブルース・デービソン演じるノンポリな大学生が、キャンパスでたまたま見かけた女子大生に惹かれて学生運動に巻き込まれる『いちご白書』は、女子大生を演じたキム・ダービーの清楚で毅然とした可愛らしさに、十五歳のガキだった僕も主人公同様にすっかり魅了されてしまい（実はファンレターを書いたこともある。住所は映画雑誌に掲載されていた。返事はもちろん来なかったけれど）、その後、何度も見返す映画のひとつになった。

自分を目当てに運動を始めた彼に、彼女は失望し、去ってゆく。ところが残された彼は、国家権力と一体化して戦争や差別に加担する大学当局の歪《ゆが》みにようやく気づき、ポーズではない主体的な運動を開始する。やがて彼女は戻ってくる。しかし二人は、大学当局が学内に導入した機動隊によって殴打され、踏みにじられ、引き裂かれる。

テーマソングは、反体制シンガーであるジョニ・ミッチェルが作詞作曲した「The Circle Game」。劇中歌はCSN&Yの「Our House」や「Helpless」。最後に学内の講堂に立てこもった学生たちが、武装した機動隊の圧倒的な暴力に無抵抗のまま歌い続けるのが、ジョン・レノンの「Give Peace a Chance」。

監督はスチュアート・ハグマン。この作品以降、ほとんど話題作はない。ブルース・デービソンもキム・ダービーも、時おり映画に出演してはいたけれど、いつのまにかいなくなった。原作は、この映画の舞台となったコロンビア大学の大学生だったジェームズ・クネンが書いた映画と同名タイトルの『いちご白書』。彼もこの作品以降は名前を聞かない。例外はこの後も『ロッキー』シリーズや『グッドフェローズ』などのプロデューサーとして成功し、最近では監督作も多い製作のアーウィン・ウィンクラーと、今も現役のロックミュージシャンであり続けるニール・ヤングくらいだろう。

すっかりこの映画に魅せられた僕は、劇場で買ったポスターを部屋に貼り、文庫本『いちご白書』を書店で見つけ、これもすぐ購入した。小遣いなどはほとんどない当時の自分にとって、繰り返し観た映画や文庫本の代金は相当な負担だったはずだけど、どこでどう工面したかは記憶にない。


ぼくがたまたま一九四八年に生まれたからといって、現在十九歳であるぼくがいわなければならないことは、たとえば一九二〇年に、十九歳の人たちがいわねばならなかったことより価値があるというわけではけっしてない。


この本のイントロで自分自身の記述を右のように始め、これに続いて「『三十歳以上の人間は信用するな』といういい方には原則的に賛成だが」とも書いたクネンは、存命ならば今年五八歳になる。

だから、今年四〇代に終わりを告げる僕も、時々考える。ジェームズ・クネンは今どこにいて、何を思っているのだろうかと。

クネンが大学紛争に身を投じた一九六八年、ベトナムではソンミ村虐殺事件が起き、キング牧師が暗殺され、ジョンソン大統領は、相変わらずベトナムで北爆を続けていた。日大全共闘は学内にバリケードを築き、米原子力空母エンタープライズが佐世保に入港したことで反対運動が激化し、東大では安田講堂が学生たちに占拠された（翌年機動隊によって陥落し、東大の入試は中止となる）。

アメリカや日本だけではない。世界中で若い世代が連帯し、国家権力が引き起こす戦争や差別や暴力や不正や隠蔽などに対して、NOの意思表示を高らかに示す時代であり、クネンはまさしくその一人だった。そして彼より八年遅く生まれた僕にとっては、そもそもはそんな政治や運動にほとんど関心がなかったクネンが、社会の矛盾や戦争の非合理性に覚醒してゆく過程が描かれた映画と文庫本は、まさしく自分自身の未来の姿でもあった。

しかし政治の季節は急速な終焉を迎える。僕が中学生だった一九七〇年には赤軍派のよど号ハイジャック事件、高校生だった一九七二年にはあさま山荘事件が起き、さらには断末魔のように内ゲバが頻発し、若い世代の政治への熱は一気に冷えてゆく。

やっと大学に入学したころには、キャンパスには立て看板やバリケードすらほとんどない。セクトに入る同級生は変わり者だったし、酒や麻雀、ダンスパーティーと女の子、そして音楽が、僕も含めての平均的な大学生の興味の中心だった。

そんなとき、荒井（松任谷）由実が作詞作曲した『「いちご白書」をもう一度』が大ヒットする。哀しい歌詞だ。この歌によって、大学に入学したばかりの僕は、始める前にすべてが終わってしまったことを知る。

僕は無精ヒゲと　髪をのばして
学生集会へも　時々出かけた
就職が決って髪を切ってきた時
もう若くないさと　君に言い訳したね
君もみるだろうか　「いちご白書」を

でも中途半端に刺激され、そして中途半端に終息させられてしまったからこそ、くすぶり続けてきたものがある。これだよと提示はできないし、うまく言葉にはできないけれど、これだけは譲れない一線が、きっと僕の世代の意識の底にはある。

二〇〇五年一二月二〇日、早稲田大学戸山キャンパスで、学生会館の移転問題を訴えるビラを撒いていた二二歳の男性が、大学当局の通報により駆けつけた複数の牛込警察署員によって、建造物不法侵入の疑いで逮捕された。大学の自治を自ら否定する大学当局の姿勢が論外であることはもちろんだけど、早稲田の他の学生たちが、一昔前ならバリケード封鎖が当然のように始まっていたであろうこの弾圧に、冷静さを失わないでいられることが僕には不思議だ。とりあえずは通過儀礼のように、自分たちを抑えつける大きな圧力には反駁したくなる年頃のはずなのに、爽やかなくらいに従順で、摩擦がないことが気にかかる。

オウムによってセキュリティ意識を喚起された日本社会は、その後の時間の経過と共に急速に変貌した。その変わり具合をひとつひとつ仔細に点検したら、大学が警察をキャンパス内に呼び込んだこの事例くらい、実はたいしたことじゃないようにすら思えてくる（念を押すけれど、実際はたいしたことなのだ）。

街には監視カメラが蔓延《はびこ》り、対外的に強硬な姿勢を示す政治家が圧倒的な支持を受け、国の政策に異を唱える人は非国民などと呼称され、場合によっては不当に逮捕・拘禁され、厳罰主義は強化され、共謀罪などという戦前の治安維持法以上の統制法が国会で成立間近の今の日本に対して、周回遅れの僕はとても焦燥する。「戦争前夜」や「打倒国家権力」などの仰々しい言葉は、さすがに使うことに対しては気後れが働くけれど、でもこの社会が明らかにひとつの方向に傾斜し、そして大多数の若い世代が、深い洞察や煩悶がないままに、この流れを支持していることは事実だと思う。

ひとつだけこの場で書いておきたいこと。国家が戦争に舳先《へさき》を向け始めたとき、平和を訴えることとは反愛国的として検挙の対象になる。仮定の話じゃない。今現実にそうなりつつある。

ついでにもうひとつ。「あの戦争は自衛だった」との主張を最近よく耳にするけれど、二〇世紀以降の戦争のほとんどは、当事国にとっては自衛なのだ。「やらねばやられる」との意識が立ち上がり、高揚し、自衛のつもりで仮想敵に先制攻撃をしかける。ほとんどの戦争は、こうしたメカニズムで発動する。

二〇〇一年、コロンビア大学があるニューヨークは、9・11（アメリカ同時多発テロ）で大きな衝撃を受けた。愛国者法はあっさりと議会で可決して、アメリカは打ち砕かれた尊厳の修復と、まさしく「やらねばやられる」式の危機管理意識が高揚して、報復の輪廻に陥った。

戦争は愚劣だ。不合理だ。しかし戦争は実在し、現実にはそれがすべてだ。僕たちは戦争なぞ望んでいない。

だからこそ五八歳になったクネンは、今どこにいて、何を思っているのだろうと僕は気にかかる。

僕はここにいる。一五歳のころに初めて読み、大きな影響を受けたあなたの本が復刻されるにあたって、その解説の原稿を書いている。

昔、アメリカについての夢があった。つまり、アメリカの夢だ。アメリカは変わるはずだった。自由。善良。自由でそして善良な国になるはずだった。ところが彼らがその夢を吹き飛ばしてしまった。（中略）夢を破壊したのはその夢そのものだったとぼくは思う。人々は夢が実現すると確信していたので、だれも夢を実現させようとしなかった。人々は、アメリカ合衆国（偉大な響きのするすばらしい飾り気のない名前だ）は特別だ、だからなにをやっても万事オーケイだ（実にアメリカ的な表現）と思っている。人々は目をさまし、ふたたび夢みなければいけない。

……ほぼ四〇年前にこの文章を書き、そして今五八歳になったクネンに、できることなら伝えたい。状況は悪い。あなたが一九歳だったころよりも、もしかしたら状況ははるかに悪い。何よりも悪いことは、大多数の人たちが、この加速にいまだに無自覚であることだ。

でも僕はあきらめない。まだ時間はある。今だからこそ、この本を復刻しようと思う人がいる。

今だからこそ、この本をひとりでも多くの人に読ませたいと願う人がいる。だから僕も、もう少し書き続ける。そして撮り続ける。

三四年前の自分がとても強い印象を受けたクネンのフレーズを、最後に引用する。共産主義者をそのまま使ってもよいし、あるいはオウム真理教信者や主体《チュチェ》思想者、イスラム原理主義者やキリスト教原理主義者、テロリストやネオコン、民族主義者や無政府主義者、アルカイダなどをこれに換えてもよい。

何だってよい。条件は人間であることだ。皮膚の色や思想や宗教や言語は違っても、内面は世界中変わらない。少なくとも有史以来の人類すべてが、このフレーズに該当する。

ねえ、共産主義者はなにをするか知ってるかい？　彼らは恋をし、時には子どもをつくる。神に誓ってもいいい。

（『いちご白書』、角川書店、二〇〇六年）

平壌から

集合は朝七時二〇分。むちゃくちゃ早い。しかもこの日は二〇一四年四月二五日。よりによって来日していたオバマ大統領が離日する時間帯だ。当然ながら都内各地は検問だらけ。遅れずに集合場所の羽田空港国際線ターミナルに行き着けるのだろうか。どこかで引っかからないだろうか。

そう思いながら家を出た。ただし危惧していたのは、自分についてだけではない。どちらかといえば、同行する他の五人のメンバーたちについての危惧のほうが大きい。

五人は空港のカウンター前にいた。僕がいちばん遅かったようだ。救援連絡センター事務局長の山中幸男が、「よかった。検問に引っかかるんじゃないかとひやひやしていたよ」と僕に言った。こっちの台詞ですよと言いかけたけれど我慢した。山中の横では、元学生運動活動家で今は編集プロダクションを主宰する椎野礼仁が、ニコニコと微笑みながら嬉しそうだ。

山中が事務局長を務める救援連絡センターをネットで検索すれば、ウィキペディアの冒頭には、以下のように記されている。

救援連絡センターは、主に「被逮捕者の救援を通じ、公権力による弾圧に反対する」という活動目標を掲げる日本の人権団体である。一九六九年に既存の日本国民救援会に対抗して、主として新左翼や労働運動、市民運動関係の被逮捕者の救援を目的に結成されたが、現在はその救援対象領域も拡大している。

初めて山中と会ったのは、映画『A』を撮影していた時期だから、もう二十年近く前になる。この時期は撮影のために日本各地のオウム施設に足を運んでいたが、行く先々で山中の顔を見かけていた。救援連絡センターについて説明するウィキペディアの後半には、以下のような記述もある。

新左翼の支援組織ではあるが、下記のような二大原則があるため、ときには右翼や元公安関係者（公安警察や公安調査庁の元職員）の救援活動もおこなう。これに対し、左翼団体から批判の声が挙がることもある。オウム真理教の起こした一連の事件については、これを救援の対象に含めるかどうかが議論となり、結果「オウム裁判対策協議会」という別組織が設立された。

二大原則

1、国家権力による、ただ一人の人民に対する基本的人権の侵害をも、全人民への弾圧であると見なす。

2、国家権力による弾圧に対しては、犠牲者の思想的信条、政治的見解の如何を問わず、これを救援する。

つまり右翼も左翼も関係ない。あえて形容するなら人権原理主義。特定のイデオロギーは誇示しない。これもあえて言えば反国家で反体制（ただし非合法活動はしない）。

補足するが、この時期のオウム真理教信者に対しての不当逮捕や不当捜査などの人権侵害については、ほとんどの左翼系市民団体や人権擁護団体は沈黙した。理由はオウムだから。何かの冗談のようだが現実だ。実際にこの時期、「オウムだけは例外」とのフレーズはよく耳にした。人権に例外があるのですかと聞けば、基本的にはないけれどオウムだけは例外、との言葉が返ってくる。何だか禅問答だ。でもとにかくあの時期のオウムが、人権やヒューマニズムや法の精神など戦後日本が抱えてきた多くの建前をあっさりと瓦解させるほどに、すさまじい憎悪や嫌悪の感情に晒されていたことは確かだ。だからこそ信者の住民票不受理や子どもの学校受け入れ拒否などの対応が、各自治体で当たり前のように行われ、ほとんどの善良な市民はこれを当然のこととして評価した。オウム施設が引っ越してくると噂された千葉県柏市や我孫子市、野田市などの役所の玄関には、「人権はみなが持つもの守るもの」とか「人権宣言都市」などと書かれた立て看板の横に、「オウム信者の住民票は受理しません」などと太字で宣言する看板が、当たり前のように設置されていた。

そんな時期に、警察の捜査や刑事訴訟法のことなどほとんど知らないに等しいオウム真理教信者たちを、山中は東奔西走しながら懸命に支援していた。結果としては社会の大きな流れに抗うので、「なぜオウムの肩を持つのか」的な批判は、（僕と同様に）山中もよく浴びせられていたようだ（別に肩を持っているわけではないのだが）。だから山中に対しては、今も何となく同志的な気分がある。本人に言ったことはないけれど。

「とりあえずチェックインしましょう。空港は警察と警備員だらけだから、早めにゲートに行ったほうがいい」

そう言ってから歩き出した椎野礼仁は、数年前に行われた連合赤軍のシンポジウムにパネリストとして呼ばれたとき、主催者の一人として紹介されてからの付き合いだ。連合赤軍も含めて全共闘関係にはとにかく顔が広い。だいたい名前がすごい。みんなからはレーニンさんと呼ばれている。ウラジーミル・レーニン。社会主義革命を経たソビエト連邦の初代指導者だ。ただし本人は自分の名前の由来を『論語』の「礼」と「仁」からとったと説明しているようだが、これを信じる人はあまりいない。

他の三人の男たちは、事情があって名前を書けないが（その事情はあとで書く）、山中や椎野とほぼ同世代だ。つまり団塊。空港は警察と警備員だらけだから早めにゲートに行こうと椎野が言ったとき、三人とも大きくうなずいていたから、きっと脛《すね》に傷がかなりあるのだろう。まだ知り合って間もないので詳しくは聞いていないが、パクられたことはありますかと質問すれば、おそらくは三人とも嫌なことを聞くなよというように顔をしかめるタイプのはずだ。

要するに五人は、この瞬間も公安警察から尾行されていたとしても、何の不思議もない男たちだ。そこに加わるのはオウム真理教を撮ったドキュメンタリー監督。しかもこれから六人が向かうのは、日本政府が渡航自粛を呼びかけている北朝鮮だ。確かに椎野が言うように、この先に何が起こるかわからない。

昼下がりの北京の空はどんよりと灰色だった。空いた時間を利用して天安門広場と国家博物館に行った。道路はすさまじい渋滞。夜は民放テレビ局の東アジア支局長と大手新聞社の北京支局長に火鍋をご馳走になった。昼に乗った車のチャーターや通訳のアテンドも、彼らが手配してくれている。どうやら山中の指示らしい。勝手に同志的な感覚を持っていたが、山中はその筋では相当に顔が利くようだ。車の後部座席で「(山中は)そんなにすごい人なのですか」と隣の東アジア支局長に小声で聞けば、「すごい人ですよ」との答えが返ってきた。

平壌に暮らすよど号ハイジャックのメンバーへの支援は、現在の山中の主要な活動のうちのひとつだ。これまで何回くらい北朝鮮に入っているのですかと質問すれば、何回かなあと指を折りかけてから、数えきれないよというように首を振る。椎野によれば、三〇回や四〇回じゃきかないだろうな、ということになる。

だから北朝鮮とのパイプは太い。情報もいろいろ入ってくる。そして北朝鮮は現在、日本のメディア関係者へのヴィザ発行を最小限に抑えている。だから山中は、日本のメディアにとっても重要な人物だ。特に北朝鮮や拉致問題周辺では、知らない人はまずいない。

平壌行きの高麗航空の飛行機は、乗客の半分以上がヨーロッパからの観光客で占められていた。「欧米人が多いですねえ」と言えば、何度もこの便に乗っている同行の一人が「いつもこんなもんだよ」と事もなげに答える。でも考えれば当たり前。日本の報道だけに接していると、北朝鮮は国際的に孤立しているように思ってしまうけれど、北朝鮮と正式な外交関係を結ぶ国の数は一五九カ国だ（ロイター、二〇二三年一一月一日）。世界のほぼ八割ということになる。

一時間強のフライトで平壌着。空港にはよど号メンバー四人が総出で迎えに来てくれていた。税関を出た六人は二台の車に分乗して、メンバーが暮らす「日本人村」へと向かう。

僕が乗った車のハンドルを握るのは若林盛亮だ。白くなりかけた頭髪は短く刈りそろえられていて、小柄な体軀はリタイアした元スポーツ選手のように引き締まっている。隣に座っているのは、グループの現在のリーダーである小西隆裕だ。迎えに来たもう一台の車には、魚本公博と赤木志郎が乗っている。そして日本人村では、二人の女性が一行の到着を待っている。グループのリーダーで赤軍派幹部だった田宮高麿（一九九五年に病死）の妻だった森順子《よりこ》と、若林の妻である佐喜子だ。

かつて世界革命戦争を起こすためにハイジャックを行った彼らは今、自分たちの思想と行動の過ちを認め、刑に服する覚悟で帰国の準備をしていた。山中の尽力もあって、メンバーの妻や子どもたちは、少しずつ帰国することができた。でも二〇〇七年に状況が大きく変わる。日本人拉致に関与していたとの容疑で、彼らに逮捕状が出されたのだ。このときに共同通信が配信した記事（二〇一四年六月一四日）を以下に引用する。


一九八〇年に松木薫さん＝失跡当時（二六）＝と石岡亨さん＝同（二二）＝が欧州から北朝鮮に拉致された事件で、警察庁は九日までに、警視庁公安部が結婚目的誘拐容疑で逮捕状を取った森順子容疑者（五四）と若林（旧姓黒田）佐喜子容疑者（五二）について、国際刑事警察機構（ICPO）を通じ国際手配した。（略）調べでは、森容疑者らは田宮元幹部の指示を受け、一九八〇年五月上旬、スペイン・マドリードで松木さんと石岡さんを旅行に誘い、同年六月初めごろ、北朝鮮に連れ去った疑いが持たれている。

この国際手配に現在は、ハイジャックのメンバーである魚本も加えられている。ハイジャックだけならば罪に服したとしても十数年で終わる。ならば今帰ればぎりぎり間に合う。人生の最期は故国で過ごしたい。そう考えていた彼らは、この容疑で帰るに帰れなくなった。同行した（名前を明かせない）三人は、彼らの逮捕状が不当であると国を訴えた国賠訴訟の事務局のメンバーだ。

裁判中なので詳細は書けないが、彼らへの容疑である結婚目的誘拐罪の背景には、相当に強く政治的な意図が働いている。これは断言していいと思う。ヒントはアメリカだ。この時期にブッシュ政権は、よど号ハイジャック犯を匿《かくま》っているとの理由で、北朝鮮をテロ支援国家に指定していた。そしてこの時期の日本政府は第一次安倍政権。拉致問題解決は政権にとって大きな追い風になる。その協力の言質をアメリカから引き出したい。でもライス国務長官からは、拉致は日本の国内問題とあっさり拒絶された。このままでは拉致問題を解決できず政権としてのイメージが下落する。ならばどうすればいいのか。二つを一緒にすればいい。

……ヒントのつもりが書きすぎてしまった。あとは想像してください。結局アメリカは二〇〇八年に、北朝鮮をテロ支援国家の指名から解除した。これも日本としては計算違いだったが、今さら逮捕状の撤回はできない。

ここで書けることはここまで。あとは裁判で明らかになるだろう。

空港からは車で一時間ほど。農村地帯を抜けた山の中にある日本人村の入り口には衛兵が立っていた。広い敷地内には小さなアパートメントや平屋が散在している。政治亡命を受け入れられた四〇年前から、彼らはここで暮らしている。そのころには外国からの亡命者が宿泊する施設の意味もあったようだが、最近はここを利用しているのは彼らだけだという。

ゲストハウスの横で待っていた森順子と若林佐喜子は、とても明るく一行を迎えてくれた。まるで親戚のおばちゃんのようだ。まあ山中さん久しぶり。このあいだ会ったばかりじゃねえか。そうかしら。椎野さんとはいつ以来？　えーと僕はですね。あらあら、あなたが森さんね、お噂は聞いていますよ。どんな噂ですか。いろいろよ。やあねえ。

宿舎の大きな広間での歓迎会。調理人が作った夕食はおいしかった。ビールとトウモロコシともち米の焼酎をかなり飲む。

今夜から帰国の日まで山中と他の三人は日本人村のゲストハウスに泊まるが、初めて平壌に来た僕は、今夜と明日の夜だけは平壌のホテルに泊まることになっていた。一人では心細いだろうと、椎野と通訳兼ガイドの金明哲が同行してくれた。いや「同行してくれた」はおかしいか。椎野はともかく、金明哲は仕事なのだ。

北朝鮮を訪れた外国人には、必ずガイド兼通訳が付く。これを断ることはできない。監視役の意味もあることは確かだ。平壌外語大学の日本語学科を卒業した金明哲は、とても流暢な日本語をしゃべる。語彙は豊富だし発音もほぼ完璧だ。大学を卒業してからはほぼ二〇年が過ぎるけれど、「もっと仕事はたくさんあると思っていました」と、達者な日本語で車の中で愚痴っていた。首脳会談で北朝鮮が拉致問題を認めた二〇〇二年以降、日本は北朝鮮との人や物資の往来をほとんど停止して、日本語通訳の仕事も急激に減少した。

ただし北朝鮮は社会主義国だ。通訳もスーパーの店員も兵士もトラックの運転手も農民も、すべての人が国家公務員だ。でも「人はパンのみにて生くるものに非ず」。せっかく勉強したのにと金明哲は悩んでいる。まあでも、いずれまた日本と北朝鮮の関係がよくなるかもしれませんよ、と僕は言った。「私もそう願っています」と金明哲はうなずいた。

翌日は七時に起床。八時半に若林がホテルに迎えに来た。一〇時からは日本人村で、国賠訴訟の現状報告と今後の展望についての話し合いが行われた。基本的には話を聞くことに専念した。話し合いの途中で小西が言った。「だって同胞を拉致されていると思い込んでいるのだから、日本国民が私たちに対して怒ることは当然です。私たちもその立場なら怒りますよ」

時おり気になるのは、よど号メンバーたちの民族主義的な言葉の断片だ。この日には「同胞」以外にも「民族の誇り」という発言も飛び出した。長く故国を離れているからこそ、日本への思いは強いのだろう。真剣で誠実な右翼と左翼ならば、ある意味で紙一重になるのかもしれない。

話し合いが終わったあと、森さんは質問ありますか、と小西が視線を向けてくる。そこでいくつか質問した。この国の政治体制を彼らはどう評価しているのか。権力が世襲されることについて違和感は持たないのか。情報が統制されていることについて国民は不満を持っていないのか。

「日本の人たちは、朝鮮については独裁的な体制をどうしても想起してしまうと思う。でも住んでみるとわかるけれど、この国の人たちの選択でもあるんです」

「選択するためには情報が必要です。でもこの国では海外とのネットやメールのやりとりができない。新聞やテレビなどのメディアもすべて国営で管理統制下に置かれています。それで選択ができるのですか」

「いやいや。森さんには見えていない部分がある。国民は意外と情報を入手しています」

「そうは思えないです。何よりも街に軍人が多すぎる。軍備に使う余力があるのなら、もっと国民の生活に回すべきです」

「今は過渡期なんです。朝鮮国民はそう思っています。苦難の行軍（一九九四年から一九九九年まで続いた食糧難の時代）のときは本当にひどかった。その時代を共に耐えたのが金正日です。だからこそ国民は彼を敬愛した。あの時代を思えば何だって耐えられる」

「だって金正日はおいしいものを食べていたんでしょう?」

「いやいや。お握り一個だったこともあるようです」

その時代の一般国民はお握り一個すら食べられなかったはずだ。でも論争の描写はここまでにする。彼らの北朝鮮への評価についてはまったく腑に落ちていない。でも同時に、無理もないのかなとも思う。二〇代でハイジャックを強行した彼らは、この国でもう四〇年以上も暮らしている。感覚が環境に馴化されることは当たり前だし、実際に僕には見えない部分が見えているのかもしれない。

夕方に女性二人も入れて全員で日本人村を出る。万寿橋肉商店食堂の二階でアヒルの焼肉を食べるためだ。店内には多くの客がいる。物資はずいぶん豊かになったなあと山中がつぶやく。そういえば今のところ停電が一度もないですねと椎野がうなずく。かつては日に何度もあったという。

焼肉はおいしかった。ビールと焼酎もたっぷり飲む。最後は冷麺。給仕の女性たちはサービス精神たっぷりだ。

滞在は六泊七日。温水プールやウォータースライダーのある巨大アミューズメント・パーク「ムンス・ムルノリジャン」にも行った。正面の扉が開くと、いきなり等身大の金正日の蝋人形が目の前で笑っている。人民服を着たカーネル・サンダースかと一瞬だけ本気で思った。写真を撮ろうとカメラを構えたら、横に立っていた衛兵から強い調子で叱責された。どうやらお辞儀をすることが作法らしい。写真を撮るなどとんでもない。

そのときは何だよこれは、と思った。でも後で考えた。かつての日本もそうだった。天皇の御真影は学校などに配置され、その前を通るときに職員や児童は最敬礼を強要された。学校が火事になって御真影が焼けたときは校長が割腹自殺した。守ろうとして焼死した校長については、新聞は美談として大きく伝えている。その時代に御真影にレンズを向けたなら、怒られるどころか当局に拘束されていただろう。

別の日には金日成の生家である万景台《マンギョンデ》に行った。雰囲気としては宗教的な聖地だ。ガイドが金日成の人生を説明する。まるで宗教者だ。金日成の祖母が使っていたという杖なども展示されていて、なぜこれを見なくてはならないのかと困惑した。

人は聖なる存在を求める。でもその対象が人ならば無理が生じる。神話にしなくてはならない。だからこそ日本の天皇も現人神《あらひとがみ》になった。

いずれにせよ指導者への過剰な崇拝は珍しい現象ではないけれど、それによって多くの人が苦しんでいるのなら、やはり何とかしなければならないと思う。でも苦しんでいるかどうかの判定は難しい。

今の朝鮮（北朝鮮はあくまでも日本での呼称）をどう思うかと訊ねれば、ほとんどの平壌市民は「素晴らしい指導者がいるから安心だ」的なことを言う。日本にいるときは建前で言わざるを得ないのだろうと思っていたけれど、何人もの人に話しかけて実感したことは、彼らは本音でそう思っているということだ。

もちろん、通訳が立ち合っている状況で本音を話すはずはないとの見方についてはまったく同意するし、そもそも数人に質問したくらいで断定などできないし、平壌ではなく経済がもっと疲弊している地方に行けば不満を持つ人は間違いなく増えるはずだ。だからこう言い換えたほうがいいかもしれない。少なくとも僕が質問した人たちは、本気で金正恩体制を称えていた（長くドキュメンタリーを撮ってきたから、答えるときの口調や表情で建前か本音かの判断くらいはできるつもりだ）。

レストランのカラオケで歌声を披露してくれた給仕の若くて綺麗な女性は、マイクを手に金正恩を称える歌「我々はあなたしか知らない」を歌いながら、感極まったようにぼろぼろ涙を流していた（このときは歌のタイトルを僕は「我々はあなたなんか知らない」と言い間違えて、よど号メンバーのみんなに大笑いされた）。

凱旋青年公園にも行った。日本のメディアでも報道されたけれど、最近オープンした遊園地だ。開園のその日には、絶叫マシーンに金正恩が乗って上機嫌になっていたはずだ。

そのマシーンを見て思う。これは僕には無理だ。どう説明すればよいのだろう。言ってみれば巨大なＵＦＯだ。利用者はその円の端のシートにくくりつけられる。ぐるぐると回りながら巨大ＵＦＯは地上数十メートルまで上昇する。そもそもビルの三階以上だと窓に近づくこともできない高所恐怖症なのだ。乗れるはずがない。

横では遊園地のガイド役の女性（外国人には必ず付くらしい）に、椎野がインタビューを試みている。金日成と金正日と金正恩の名前をあげてから、三人の中で誰がいちばん好きですかと質問する。大胆な質問だ。通訳の金明哲は苦笑い。でも止める気配はない。誰が好きかわからない？　ならば三人の中では誰がいちばんハンサムだと思いますか？　女性ガイドは少し笑いながら困っている。でも本音を隠しているという雰囲気でもない。

三日目からは僕も日本人村に宿泊した。いろいろ見た。いろいろ聞いた。夜中に小西に呼ばれて部屋に行き（小西の家族はみな、日本に帰国している）、お茶を飲みながらいろいろ話した。

帰国数日前にはサーカスを観に行った。実はサーカスは北朝鮮のお家芸。会場に着いてびっくり。広い駐車場には軍のトラックが数十台停まっている。観客席の八割近くは軍服だ。お家芸だけあってサーカスそのものはすごかった。ネットや命綱はほとんど使わない。高さはビルの三階どころじゃない。落ちたらたぶん死ぬ。でもみんなニコニコしながら、飛んだり跳ねたりしている。フィナーレは人馬一体となったパフォーマンス。多くの馬と人が目まぐるしく替わりながら様々な曲乗りを披露するけれど、上に乗る人はみな軍服姿だ。最後には北朝鮮国旗を掲げて馬の上に仁王立ち。もちろん観客席の軍服たちは大拍手。結局のところは国威発揚。悪い敵をやっつけろ。正義は我々のもとにある。

不思議な国だ。でもある意味でわかりやすい。歪《いびつ》なままにバランスをとっている。でも内部にいればその歪さがわからない。反権力・反体制の六人の日本人は、再び北京経由で帰国した。戻ればまさしく中国と北朝鮮の危機を煽りながら、集団的自衛権の必要性を首相がテレビで力説していた。

（『kotoba』第17号、集英社、二〇一四年九月）

自由か安全か

もしも自由と安全の二者択一を迫られたら、多くの人は躊躇なく安全を選ぶ。なぜなら僕たちホモサピエンスは弱い。爪や牙はほぼ退化したし、二足歩行だから必死に走っても遅い。翼は持たないし、練習しなければ泳げない（ほとんどの哺乳類は、練習などしなくてもとりあえず泳ぐことはできる）。

つまり天敵に襲われたらひとたまりもない。だからこそホモサピエンスは、進化の過程で不安と恐怖を感じる遺伝子をより鋭敏にして、群れで生活することを選択した。

その結果としてコミュニケーションを図るために表情筋が豊かになり、空いた両手で道具を使うことが可能になり、言語が生まれ、文化の継承や伝来が可能になり、僕たちはこれほどに繁栄している。

でも不安と恐怖の遺伝子（正式名称はセロトニントランスポーター遺伝子）は、今も色濃く僕たちの身体に残っている。ちなみに日本人は、この遺伝子の活性度が突出して高い。だからこそ自由と安全の二者択一を迫られたとき、僕たちは躊躇なく安全を選ぶ。例外はいないだろうか。少し考えて思いつく。ムーミン谷に春と夏と秋だけ暮らすスナフキンだ。

ムーミン谷にはムーミン一家のほか、スノークやヘムル、フィリフヨンカなど多くのキャラクターが登場するが、ミムラねえさんやミィ、そしてスナフキンの外見は、他のキャラクターたちとは異なってほぼ人間そのままだ。でも人間とは微妙に違う。小さなしっぽがあるらしい。

スナフキンは基本的にはベッドで寝ないから、ムーミン一家が暮らす家には泊まらない。ムーミンたちが冬眠する冬は谷を離れるが、春と夏と秋はムーミン谷にある湖畔にテントを張って寝泊まりしている。スナフキンは所有することを嫌う。昼は湖畔でハーモニカを吹いたり釣りをしたりして時間を過ごす。

孤独と音楽を愛するスナフキンだけど、感情をあらわにする瞬間がある。「この公園の中に入るべからず」などの立て札を見たとき、普段はあれほどクールなのに、怒り狂って立て札を引き抜くのだ。誰かに指示されたり命令されたりすることが、身の毛がよだつほどに嫌いらしい。

彼ならば安全よりも自由を選ぶだろう。でもムーミン谷でみんなから愛されるスナフキンは、見方を変えれば家も仕事もないホームレスでもある。もしも今の日本社会に旅の途中のスナフキンが来たならば、すぐに不審者として通報されるだろうな。

（『生活と自治』二〇二三年三月号）

多世界を思う

憧れの虫はコノハムシ

僕は生粋の文系だけど、科学雑誌の『Newton』や『日経サイエンス』、講談社ブルーバックスなどをけっこう愛読する。つまり隠れ理系。と書きながら、隠れる必要なんてないじゃんとは思う。だって文系よりは理系のほうが賢そうだし格好いい。

とにかく素地は文系だけど理系の方向に興味があることは確か。とはいえ、数式や化学式は無理だ。そもそも計算が苦手。無機的なものはダメだ。興味の対象は、虫とか軟体動物とか両生類や爬虫類の生態、サヘラントロプス・チャデンシスやホモ・エレクトゥスなど人類の進化、ブラックホールの生成と消滅、ダークマターとダークエネルギー研究の最先端、相対性理論、そして量子論と超弦理論。

憧れの虫は例えば、コノハムシ。東南アジアやスリランカなどの森林に生息する。同じ目《もく》であるナナフシの擬態もすごいけれど、コノハムシの擬態はその比ではない（気になる人はぜひ画像検索してみてほしい）。進化の基本は突然変異と自然選択。つまり偶然の組み合わせ。だから時おり不思議になる。これほどに完璧な擬態が進化論だけで説明できるのだろうか。もちろん、自然淘汰だけではなく性淘汰の圧、さらにネオダーウィニズムについてもひととおりは勉強したけれど、でもやっぱり葉の虫食いや枯れている部分まで再現されているコノハムシの写真を見るたび、進化がわからなくなる。

世界にはもっとすごい虫がいる。ツマホシケブカミバエ、あるいはGoniurelliaで画像検索してほしい。フェイクかと思いたくなる。何の必要があって、羽にアリ（クモとの説もある）のような模様をつけるのか。外敵からの襲撃リスクを低下させているとの説もあるけれど（というかそれ以外にありえない）、それほどに効果があるとは思えない。他にもツノゼミとかシュモクバエとか、ネオも含めてダーウィニズムだけではどうしても納得できない。特に虫の場合はこれが顕著。だから今のところ、多種多様な虫や爬虫類などに溢れているラオスやコスタリカは憧れの国だ。

人類の進化について言えば、頑丈型とも呼称されるパラントロプス・ボイセイの顔が昔から大好きだ。二〇〇万年ほど前にアフリカに生息していた彼らは、一二〇万年前に絶滅した。骨格から復元された顔からもわかるように、その顎の力はすさまじく、木の根や草などを常食していたらしい。でも樹上から地上に下りて群れることを覚えたアルディピテクス・ラミドゥスの時代からボイセイは二〇〇万年以上も後だから、彼らは高度なコミュニケーションを仲間同士でとっていたはずだ。

二〇一九年にイベント・ホライズン・テレスコープが、楕円銀河M87星雲内にある巨大ブラックホールの撮影に成功した。これも検索すれば画像を見ることができる。地球からは五五〇〇万光年の距離にあって、その質量（大きさではない）は太陽の六五億倍と推定される。

太陽の六五億倍。イメージの枠はとっくに超えている。

言うまでもないけれど、コノハムシやボイセイの生態やブラックホール研究の最先端を知ったとしても、実生活にはほとんど役に立たない。

でも興味は尽きない。自分はどこから来たのか。自分は何なのか。死後はどこへ行くのか。あるいはどこへも行かないのか。そんなことばかり考えている。

『職業欄はエスパー』

一九九八年にテレビドキュメンタリー『職業欄はエスパー』を発表して、以降も超能力やオカルトにこだわり続けている理由も、たぶん同じなのだと思う。透視能力を持ちながら超常現象研究家でもある秋山眞人とスプーン曲げの清田益章、ダウジングの堤裕司。最近はそれほど頻繁に会うわけではないけれど、彼ら超能力者たちとの付き合いはもう三〇年近くになる。

その間に何度も、説明できない現象や体験に遭遇した。『職業欄はエスパー』放送後にフジテレビから、次は同じテーマでバラエティタッチの番組にリメイクできないかと提案されて、そのときは三人の超能力者にダチョウ倶楽部の三人と女性タレントをキャスティングして、東京都内のオカルトスポットを全員が乗ったロケバスで回りながら、最後に堤が制作したゴーストバスター・マシーンで幽霊を捕獲するといういかにもバラエティ向けの作品の企画とディレクションを担当した。僕にとっては、テレビ時代に作った唯一の情報バラエティ系番組だ。

後に活字化した『職業欄はエスパー』(角川文庫)に詳細は書いたけれど、このロケのときにもいろいろあった。ひとつだけ例を挙げる。八王子の神社で真夜中に撮影した。境内にある地蔵には首がない。いつ首がなくなったのか誰もわからない。この神社では昭和三〇年代に堂守をしていた女性が惨殺されている（これは史実）。首がなくなったのはその後らしい。この神社で秋山は霊視をしながら、「この境内には何もないけれど、向こうが気になります」と言って、神社に隣接している小さな森のほうを指さした。ゴーストバスター・マシーンを試した堤は、「少なくともこの境内には何もいません」と言ってから暗視カメラを目に当てて、やっぱり「森のほうに何かいますね」とつぶやいた。本当はいろいろ見えているらしいのだけど普段はそういうことを口にしない清田は、「ここは俺の領分じゃないからよ」と言いながらやっぱりコメントしなかった。キャストがみなロケバスに引き上げてから、僕は撮影クルーと共に首なし地蔵を近距離から様々な角度で撮った。ロケバスに戻ってすぐに、異変が始まった。

……申し訳ないけれど以下は略。もしも興味があれば、『職業欄はエスパー』を読んでください。面白さについては、僕の作品の中でも屈指だと思う。

『エブエブ』のマルチバース

とにかく今回、ブラックホールや人類の進化などについて書き始めた理由は、劇場公開は見逃していた『エブリシング・エブリウェア・オール・アット・ワンス』をNetflixで観たから。二〇二三年のアカデミー賞では作品賞と監督賞、主演女優賞など七部門を受賞しているが、作品としてはまあ普通。でもマルチバースを扱っていることが、僕にとってはツボだった。マルチバースとは何か。ユニバースの対義語。多元宇宙。SFでは古典的なテーマのひとつだけど、量子力学の観測問題における解釈のひとつである多世界解釈を、この映画はバックグラウンドに設定している。

多世界解釈とは何か。量子論の支柱であるコペンハーゲン解釈においては、量子の位置や状態を記述する波動関数は、観測されたときに初めてひとつの状態に収縮するとされている。その収縮がもしも起こらなければ、多様な重ね合わせ状態が異なる世界として実在することになる。これが多世界解釈だ。重ね合わせとは何か。シュレーディンガーの猫が示す思考実験が最も有名だ。シュレーディンガーの猫は蓋を開ける（観測される）までは、死と生は重なり合っている。どちらかではないのだ。あらゆる事象は常に重ね合わせ。これは量子の位置も同じ。僕の世代は子どものころに原子について、原子核の周囲を電子が太陽系の惑星のように回転している構図で教えられたが、実際には電子は粒であると同時に波でもあり、原子核の周囲に確率だけで存在している。つまり重ね合わせ。観測した瞬間に収縮する。

あるいはエンタングルメント（量子もつれ）。二つの粒子に量子もつれの関係ができたなら、どんなに遠く（宇宙の端と端に）引き離されても、片方の粒子の状態が確定（波動関数が収縮）すると、それに応じてもう一方の粒子も瞬時に確定する。

粒子をボールと考える。箱の中に二つのボールがある。色は赤と白。でも箱の蓋を開けるまでは、二つの色は重ね合わせの状態にある。箱の蓋を開けない（観測しない）ままに二つのボールを分けて、ひとつを宇宙空間に放出する。何千光年も離れてから地球に残された箱の蓋を開ける。色は赤。この瞬間に、何千光年離れた宇宙空間を飛ぶボールの色は白になる。

……もちろん僕にも、こうした説明は実感としてまったく理解できない。だって量子の世界は、僕たちの日常の感覚からはかけ離れ過ぎているのだ。

とにかく多世界解釈は、量子力学においては決して絵空事ではない。そして量子コンピュータの実用化が示すように、量子論もすでに仮説のレベルではない。

あらゆる瞬間に世界は枝分かれする。無限の世界があり、無限の自分がいる。

ただし『エブリシング・エブリウェア・オール・アット・ワンス』においては、登場人物たちは多くの世界を行き来していたから、厳密な多世界解釈論とは違う。アメリカの物理学者ヒュー・エベレットが提唱した解釈では、無限の世界は相互には決して情報のやりとりができない。つまり永久に実証できない。

でも気持ちが沈んだりつらいとき、僕は多世界を思う。無限の自分を想像する。すると少しだけ楽になる。

もちろん「少しだけ」だ。でも「少しだけ」がきっと大事なのだ。そんなことを思いながら、今は日々を過ごしている。九月一六日は早朝の飛行機で福岡のＫＢＣシネマ。『福田村事件』の主演女優を務めた田中麗奈さんと舞台挨拶。翌日曜は大阪で『千代田区一番一号のラビリンス』をテーマにしたトークショー。そして夜は第七藝術劇場で『福田村事件』の舞台挨拶。今は言われるままに動いている。多世界のことを時おり思いながら。

（二〇二三年九月一七日）

死刑囚になった夢の話

人はなぜ夢を見るのか

僕は死刑囚だった。いつ何をやったのかまったく記憶にないけれど、裁判はすでに終わっているらしく、確定死刑囚だ。でもなぜか賃貸アパートに居住している。

早めにネタバラシをするけれど、今回は夢の話です。将来の夢ではなく睡眠中に見る夢。などと書くと、ネタ切れなのだろうかとか社会や政治の問題に飽き始めたのかと思われるかもしれない。そういうわけではないのだけど、とにかく一昨日に見た夢があまりに面白かったので、起きてすぐにメモをとっていたのだ。

でもそれから二日が過ぎて、面白いかどうかよくわからなくなった。しかも記憶の細部も怪しくなっている。

そもそも人が夢を見る理由は何か。フロイトは夢について「抑圧された願望の充足」であり、睡眠中に表層の意識に混入する無意識の表象の一部であると唱えた。多くの夢が不合理で非論理的である理由は、本能的でネガティブな願望や欲望を明確にすることを妨げようとする表層意識によって、夢が検閲されているためであるとフロイトは説明する。あるいは表層意識の検閲を防ぐために無意識が自ら直接的な表現を避けているから、との解釈もある。つまりメタファーだ。

微妙にSFチックでそそられる論だけど、もちろんこれは仮説。エディプス・コンプレックスも含めて、フロイトはあまりに願望充足や性的リビドーを重要視しすぎているとの批判は多い。これは夢の考察から元型（アーキタイプ）や集合的無意識論などオカルティズムに傾倒したユングも同様だ。

ただし少なくとも、夢が無意識の表れであることは確かだろう。ならばなぜ、僕たちは起きてすぐに夢の詳細を忘れてしまうのか。最近の研究では、脳の視床下部に局在するメラニン凝集ホルモン産生神経（MCH神経）がレム睡眠中に活性化すると記憶が消去され、抑制されると記憶が定着するというメカニズムが提唱されている。つまり夢は記憶を整理整頓する過程なのだ。

夢そのものは忘れても、重要な記憶は無意識下にしまい込まれている。もちろんこれも、フロイトやユングが唱えたのと同様に仮説だ。人の意識の解明は難しい。当たり前だ。ニューロンやらシナプスなど脳の生化学的なメカニズムは説明できても、意識や感情や自我などの解明はほとんど進んでいない。夢もまだまだ未解明だ。

最期の読書は難しい

とにかく僕は死刑囚だった。でも拘束されているわけではない。六畳一間に小さなキッチン付きのアパートで普通に暮らしていた。昼の仕事（何の仕事かはよくわからない）が終わって帰宅した直後、ドアがドンドンと乱暴にノックされて、開ければ制服を着た刑務官が数人立っていて、同行するようにと命じられ、処刑の日が来たことを知った。

不思議だけど焦りや恐怖はない。自分が何をしたのかまったく覚えていないけれど、遂にこの日が来たかという感覚だ。

拘置所に連行された僕は、まずは図書館に案内された。本を選べと言われたような気がする。最期の晩餐ではなくて最期の読書。でも決められない。人生の最後に何の本を読むのか。今さら純文学やノンフィクションは読みたくない。とはいえ量子論や生物学などの専門書を読もうという気分にもなれない。雑誌かな。でも最期に『週刊文春』や『週刊新潮』を読みながら死ぬのもぞっとしない。ならば漫画の単行本。諸星大二郎とか山下和美。手塚治虫の全集を読み返すのもいいかも。でもそれが最期でいいのか。いっそのこと新約聖書やコーランはどうだろう。などと迷いながらまごまごしていたら時間超過だと言われて（最期の晩餐はともかく最期の読書は本当に難しい）、結局は一冊も借りられないまま長い廊下を歩いて二〇畳ほどの部屋に連行された。中には七〜八人の男がいる。みな同じ囚人服を着ていた。そこで気がついた。いつのまにか僕も、濃い灰色の囚人服を着せられている。

刑務官が扉を閉めてから（外から施錠の音が聞こえたような気がする）、僕は部屋の隅に腰を下ろす。先にいた男たちも、それぞれ壁に背中をもたせかけながら、ぐったりと座っている。誰も言葉を発さない。しばらく沈黙が続く。

右手にナイフ

起きてすぐに書いたメモには、須股、霜田、稲見と三人の名前が書いてある。須股にはわざわざ（すまた）と読み方まで記している。部屋にいた死刑囚の男たちの名前だろうか。あるいは拘置所の刑務官たちかもしれない。いずれにしても起床直後の僕は、なぜ三つの名前をメモに残そうと考えたのか。その理由がわからない。思い出せない。そもそもこの三つの名前に心当たりはまったくない。夢が記憶の整理整頓ならば、この名前の知人がいるはずだけど、三つとも初めて聞く名前だ。

夢の続きに戻る。しばらく時間が過ぎてから、僕はふと横を見る。隣に座っていた男の一人が、手もとでごそごそと何かをやっている。目を凝らす。男は右手に小さなナイフを持っている。その刃を左の手首に突き立てているのだ。同時に血が噴き出した。

周囲を見渡せば、他にも何人かがナイフやカッターや包丁の刃を手首の内側に突き立てたりこすったりしていて、服や座っている床が真っ赤に染まっている人もいる。

普通ならあわてる場面だ。でも僕は動じなかった。なぜならこれが処刑方法だということは知っていた。つまりこの部屋は処刑場なのだ。右手にはいつのまにかナイフがある。自分はこれから、左手首の動脈をこのナイフで断ち切って、死ななければならないのだ。

僕はナイフの刃を左手首に当てる。やっぱり不安や恐怖はない。仕方ないかという感覚だ。ナイフを横に動かす。血が滲む。

でもここでふと、死んだふりをしようかと考えた。

部屋を見回す。ここにいるのは死刑囚だけだ。監視している刑務官はいない。天井や壁に監視カメラもない。この場をやり過ごすことができれば、アパートに帰って元の平穏な生活を送ることができるかもしれない。

つまりこのとき、初めて死にたくないという気持ちが湧いてきた。だって自分が何の罪を犯したのかもわからないのだ。死ななければいけない理由がわからない。

ここで今この文章を書いている僕は、夢を見た僕に対して、重要な指摘をしなければならない。明らかな過ちがある。可能ならイエローカードを出したいところだ。だって自死ではだめなのだ。死刑は死ぬことが刑ではない。殺されなければならないのだ。

死刑は文化か

二〇〇二年の欧州評議会で森山真弓法務大臣（当時）は、「死刑は残酷な刑罰であって重大な人権侵害だ」と主張する評議会に対して、「死んでお詫びをする」ことは「我が国独特の文化であり」「罪悪に関する感覚が表れている」と反論したけれど、日本の死刑制度は自死を絶対に許さない。確定死刑囚がもしも重病で危篤状態になっていたら、拘置所は必死に治療して、死刑囚が回復して健康体になってから処刑する。ならば「死刑」は言葉として正確ではない。「殺刑」にすべきなのだ。でもメディアは「殺刑」どころか「死刑」も嫌い、最近では「極刑」をよく使う。つまりニュアンスを薄める。犯罪者とはいえ人の命なのに、水を入れて攪拌《かくはん》して本質を見えないようにする。

だいたい、死んでお詫びをする文化（つまり切腹）は、支配階級だった武士の文化だ。当時の人口の七パーセント程度。約八五パーセントを占めていた農民は切腹などしない。それに過去の文化（武士道）を死刑の理由にするならば、死刑を廃止したヨーロッパ（例外は独裁国家のベラルーシだけ）には、復讐や決闘を奨励する騎士道があった。それほどに過去の文化にこだわりたいのか。ならば死刑を支持する人たちはみな、男はチョンマゲで女は歯を黒く染めればいい。

死刑は殺される刑。でも夢の中では、死刑囚は自ら死ぬことを要請されている。そして僕はそのつもりだった。ところがふと思った。やっぱり死にたくない。理由くらいは知りたい。

そう考えた僕は、右腕に力を込めているふりをしながら、実は皮膚一枚を切る程度に力を抑制して、血を無理やりに絞り出しながら、その場に前のめりに倒れ込んだ。男たちのほとんどは実際に血の海に沈んでいて、周囲には鉄錆のような血のにおいが充満している。これで騙せるだろうか。たぶん無理だ。でも他に手はない。

やがて扉が開き、数人の刑務官が入ってきた。僕のすぐ横に小さな扉があり、刑務官たちは死刑囚の遺体の足を持って引きずりながら、部屋の外に出ていった。ところがなぜか、倒れている僕には誰も手を触れない。ばれたのだろうか。そう思いながらも動けない。やがて遺体はすべて運ばれて、部屋には誰もいなくなった。困ったな。これからどうしようかと思っていたら、最初の扉が開いて、白衣を着た年配の男が現れた。

医師だと直感的に思う。倒れている僕に近づいてきた医師は、横にしゃがみ込んだ。手を摑む。おそらく脈をとるのだろう。

ここで夢から覚める。もしかしたらもう少し続いていたかもしれないけれど、覚えているのはここまでだ。

さてここで問題です。僕の無意識は僕の表層意識に何を伝えようとしたのでしょう。フロイトならば母親への潜在的リビドーへの後ろめたさがナイフという男性器として表象されたとかなんとか言いそう。自信を込めて答えるけれど、それはない。ユングならば死への恐怖という集合的無意識が、「太母《たいぼ》」（グレートマザー）への情動と交錯しながら死刑囚というペルソナをまとったとでも言うのかな。やはりそれも違う。そもそも精神分析は精神の状態をカテゴライズすることが前提だから、その段階でやはり無理があると思う。

と門外漢が生半可なことを書きながら思うけれど、誰かもしこの夢を解釈してくれたら嬉しいです。

（二〇二三年六月一八日）

修業時代

演劇ブームでバイト暮らし

初めての就職は二八歳くらいだったと思う。自分のことなのに「思う」は、ずいぶん心もとなさすぎると「思う」けれど、この時期の僕は自分の年齢にとても無頓着だった。調べればわかるはずだけど、仮に二八ではなく二七だったとしても、この本の読者にとっては大きな違いはないはずだ。

いずれにせよ二〇代後半、初めて就職した。その前は何をしていたか。アルバイトで生活していた。いわゆるフリーターだ。大学を卒業した翌年に新劇の俳優養成所も卒業して研究生となっていたけれど、この先に自分が映画スターや舞台俳優になれる可能性はとても低いとわかっていた。

当時は演劇ブーム。文学座や俳優座、青年座や円など老舗の劇団だけではなく（僕が所属していた劇団も老舗劇団のひとつである青俳だった）、つかこうへい事務所や無名塾など新進の劇団や、状況劇場や天井桟敷や自由劇場、夢の遊眠社に劇団黒テントなどアングラ系も含めて、サクセスストーリーを夢見る二〇代の男女がいくらでもいた。自分もその一人だったからこそ、僕はその実感を強く持っている。しかも僕が研究生になって数カ月後、経理担当者の不正が発覚して青俳は倒産し、その後はフリーランスの立場で演劇活動を続けた。

もちろん俳優としての収入はほとんどない。生きるためにはアルバイトで生活費を稼がなくてはならない。居酒屋や料理屋の皿洗いは定番だけど、築地市場の練り物専門店でバイトしたこともあるし、外装吹付の作業所でシンナー中毒の先輩たちと働いたこともある。トラック配送の助手も何度かやった（でもこの時期はまだ免許を持っていなかった）。東京會舘のパーティー会場の皿洗いは、時給は高かったけれどハードワークだった。暴力団関係者が出入りする赤羽のナイトクラブで黒服の見習いをやったときは、ホステス同士の取っ組み合いに割って入ったこともある（誇張ではなく本当に取っ組み合いだった）。

ひとつのバイトが長続きしない理由は、舞台が近づくと稽古でバイトの時間を捻出できなくなるからだ。大学を卒業した翌年の年収は一年間で六四万と数千円。金額をはっきり覚えている理由は、還付金の申告に行ったからだ。税務署の職員から「この金額で生活できるのですか」と疑わしそうに言われた。このときは「だって実際にしています」と答えたはずだ。

ただしもちろん、タバコ一箱二〇〇円でラーメン一杯三〇〇円だった四〇年以上前とはいえ、四畳半一間で共同トイレ風呂なしのアパートの家賃は月に二万円弱で、電気代やガス代や銭湯代に最低限の食費はもちろん、たまには映画や芝居を観に行きたいし（この時代にサブスクはもちろんレンタルビデオもまだない）、居酒屋にも行きたい。月に平均五万円で生活を維持することは難しい。就職した友人たちから借金はかなりしていた。何人かは今も付き合いがあるけれど、互いにいくら借りて貸したかは覚えていない。実はこの時期、僕は住民票を登録していない。何度か引っ越ししているうちになくなってしまった。だから保険証もなかったはずだ。でもならば、確定申告はできたのだろうか。そのあたりの記憶は曖昧だ。

禅寺で下働き

中目黒のアパートに住んでいたとき。家賃を半年くらい滞納して大家から「今月中に退去してくれ」と言われてこれからどうしようと困惑していたら、高校時代に一緒に8ミリ映画を撮った北条くんから、「お寺で暮らせばいいよ」と教えられた。大学を中退してから一年ほど彼が身を寄せていたという寺の名前は白峰寺。宗派は曹洞宗。つまり禅寺だ。

この原稿を書きながら白峰寺をネットで検索した。場所は茅ヶ崎。北条くんからは最初に、「森は禅に興味あるか」と聞かれ、「そこそこあるよ」と適当に答えたら、「ならばここに行けばいい。座禅に参加して作務《さむ》（寺の下働き）をするならば、たぶん衣食住の心配をすることはない」と言われた。

要するに出家の前段階。北条くんと白峰寺との関係は覚えていないが、ヨーガや瞑想などスピリチュアル系に彼は傾倒していたから、おそらくはその縁だと思う。少しだけ悩んだけれど、どちらにせよ今のアパートにいられるのはあと二週間足らずだ。選択肢は他にない。思いきって家財道具は友人に預け（たいしたものはない）、バッグひとつを手に東海道線に乗車した。

寺を訪ねたその日、玄関口に出てきた僧侶に「まずはこの人を訪ねろ。森のことは伝えている」と北条くんから教えられた僧侶の名前を言ったら、「彼は昨夜入院したよ」と即答された。

どうしようかと思ったけれど、話は通っていたらしく、「修行したいのならどうぞ」と言われ、白峰寺で下働きの生活が始まった。

大きな寺だ。僧侶だけでも一〇人近くはいる。ちょうど改築の時期で、まだ完成していない浴場の洗い場が僕の部屋になった。暖房がないので寒い。しかも塗装されたばかりでペンキのにおいが部屋中に充満していて、しばらくは窓を全開にして眠っていたことを覚えている。

この時期の白峰寺には、一〇人くらいの外国人が寝泊まりしていた。彼らのほとんどは、かつてはインドなどを放浪していたヒッピーたちだ。白峰寺の僧侶の一人が禅宗の布教に熱心でインドには何度も行っており、そこで彼らと知り合ったらしい。

「禅は素晴らしい」

外国人修行者のリーダー格でアメリカ人のジョージは、僕に何度も言った。

「禅に出会って、僕は自分の生き方を知った。今はとにかく修行して、いずれ得度《とくど》することが夢なんだ」

作務の基本は掃除だ。さらに僕は、居酒屋でバイトしていた経歴を買われて、調理係も言い渡された。僧侶たちの食事は基本的に朝食と昼食のみ。夜は食べない。もちろん肉や魚は調理できない。何を作ればいいのか最初は見当がつかず、そばやうどんを茹でて天ぷらを揚げてばかりいた。

週に一回は休日だ。この日は全員そろっての座禅はない。早起きしなくてもいい。夜は酒も飲める。肉や魚も（こっそりだけど）食べることができる。キッチンの奥にある方丈さん（曹洞宗の住職の呼称）専用の冷蔵庫には、この日のために鶏もも肉などが冷凍保存されていた。

座禅は一日五回（六回だったかもしれない）。曹洞宗は対面で座禅する臨済宗とは違い、壁や障子に向かう面壁《めんぺき》だ。座蒲《ざふ》の上に尻をのせ、右足は左足の太ももの上に、左足は右足の太ももの上にのせる結跏趺坐《けっかふざ》が基本だが、僕はこれができない。だから左足だけを組み合わせる半跏趺坐だ。

「形式は何だっていいのです」

座禅指導を担当していた僧侶は、ある日の座禅が終わったあとに、僕にそう言った。

「座るのがつらいのなら、歩きながら瞑想する経行もあります。椅子に座るやり方もあります。座り方に本質などありません」

自給自足で修行

三カ月ほどが過ぎたとき、僕と外国人修行者たちは、山梨県韮崎市の山中にある寺の施設に行くように命じられた。過疎で廃園になった保育園だ。改築中の寺が手狭になったこともあって、そこで自給自足で禅の修行をしなさいと言い渡されたのだ。もちろん寺から生活費は支給される。バイトする必要はない。だから正確には自給自足ではない。でも僕と外国人修行者たちは、園の裏の敷地を耕して畑にして、できるだけお金は使わないように工夫した。

今も何人かは覚えている。オーストラリアから来たジェイクはニコニコと人懐っこい男だった。ドイツから来たアルバンは、四二歳でここでは最高齢。本国で高校の教師をやっていたけれど、妻と二人の息子を置いて修行に来たと言っていた。イギリス人のエドワードは植物に詳しくて、一緒によく山を歩いて山菜を採集した。もちろん日々の生活において、一日五回の座禅は最も重要な要素だ。園の遊戯場で全員で壁に向かって瞑想する。一回の座禅の時間はほぼ一時間。最初は一〇分くらいで足がしびれたけれど、この時期には僕も、座禅がすっかり日常になっていた。座らないと落ち着かない。出家してもいいかな、と半ば本気で思っていた。

でも韮崎の生活が半年ほど続いたころ、指導に当たる僧侶がやってきて、「森くんは一回帰ったほうがいいかもしれませんね」と言った。

「ここにいたいのなら、ずっといなさい。それはあなたが決めればいい。でもあなたはまだ、俗世間にまみれていない。もっと経験したほうがいいと私は思います。そのうえでまた来ればいい。寺は逃げません」

確かに。僕はうなずいた。最初に訪ねろと北条くんから言われたのに会えなかった僧侶が入院した理由は、部屋でシンナーを吸って階段から転げ落ちたからだとあとで知った。彼だけじゃない。外国人たちの多くも元ヒッピーだし、僧侶たちは背中に昇り龍の入れ墨をしていたり小指がなかったり、いろいろ訳ありの男たちが多かった。どんな人生だったのかは聞いていない。でもきっと、それぞれ濃密な人生だったのだろうと思う。でも自分はまだ何も体験していない。これまでの人生は芝居や映画への憧れだけだ。しかも浅い。

座って悟れるなら、それは楽だ。でも前提がある。かつて俗世間にまみれていて、失敗や挫折を体験していることだ。そのうえで座る。それが禅宗なのだろうと僕は考えた。

それに何よりも、自分が禅に対して本気なのかどうかもわからない。食い詰めて一時避難のためにここに来たのだ。ここは確かに別世界だけど、そろそろ元の世界に戻るべきだ。

一人ひとり外国人たちとハグして別れを告げ、白峰寺に戻って荷物をまとめて僧侶たちに挨拶し、座蒲をひとつもらって東海道線に乗った。しばらくは友人のアパートに居候しながら、暇さえあれば座蒲の上で座禅していた。でもやがて座らなくなった。バイトと芝居の稽古の日常に戻ったからだ。

人生は一回だけ

その後に学校演劇に誘われて、トラックで日本全国の小学校を巡業する一座に加わった。与えられた役は森の妖精のペコン。タイツが恥ずかしかった。学校の体育館で上演が終わってから子どもたちに囲まれて、生まれて初めてサインをした。ただし自分の名前ではない。差し出されたノートや画用紙に、マジックで「ペコン」と書き続けた。巡業中は、生活費はかからない。しかも多少のギャラが出る。学校演劇だけで生活している俳優は、実のところたくさんいる。

青俳の先輩から誘われて大衆演劇をやった時期もある。浅草の木馬館や十条の篠原演芸場で時代劇をやった。つまり商業演劇だ。やはり多少のギャラは出る。でも学校演劇と大衆演劇を経験して、これは違うと考えた。最低限の生活はできる。妻子を養っている先輩俳優もたくさんいる。でもそれでいいのか。学校演劇も大衆演劇も、わかりやすい芝居が前提だった。例えば手にしたグラスを見つめるという演技をするとき、ただ「見る」だけではダメなのだ。一回視線を逸らしてから首を大仰に回してあらためてグラスを見つめる。要するに見得を切らなくてはならない。

自分はこんな芝居をしたかったのか。『卒業』のダスティン・ホフマンの繊細な演技に憧れたはずだ。『スケアクロウ』のジーン・ハックマンのように、泣きたいときに笑い、笑いたいときにしかめっ面をする演技をしたかったはずだ。これは自分がやりたかった演技ではない。

たまに飲みに行く新宿ゴールデン街。雇われマスターやママの多くは、かつて新劇の養成所やアングラ劇団に籍を置いていた人たちだ。彼らは自分の未来形だ。それはそれでいい。人生は一回だけ。どんな人生でも自分の人生だ。この後に自分はどんな人生を歩むのか。まったくわからない。ゴールデン街の雇われマスターどころか、野垂れ死にするかもしれない。怖い。でもどうすべきかわからない。

こうして僕は芝居をあきらめる。直接的なきっかけは、猫に噛まれた回で書いたとおり。林海象の監督デビュー作『夢みるように眠りたい』の主演が決まりながら、結局は入院してチャンスをふいにしたからだ。自分に演技力がないことはうすうす気づいていたが、運もないのだと気がついたのだ。

……ここまでを書きながらふと思う。あれから四〇年近くが過ぎるけれど、修業時代はいつ終わったのだろう。月並みな締めになるけれど、修業時代はまだ終わっていない。いつ終わるのか。きっと死ぬまで終わらない。

（二〇二四年三月一〇日）

ティッピング・ポイント

今日の東京の気温は三七度。テレビでは危険な暑さとか殺人的とか言っているけれど、僕は（申し訳ないけれど）嬉しくてしかたがない。秋や冬などなくなってもいい。それほどに夏が好きだ。だから毎年八月下旬は哀しい。路肩にカサカサと転がる蝉の死体を見ては吐息をついている。たぶん自分の遠い祖先は、大陸や半島ではなくて南太平洋の諸島から、丸太船に乗って日本列島に漂着したのだろう。顔立ちもどちらかといえば南洋系だ。とはいえ確かに今年の夏は異常だ。

そんなことを思いながら宿泊したホテル。壁に表示が貼られている。

「トイレットペーパー使い切りのお願い　当ホテルではエコロジー対策のため、トイレットペーパーの残りが少なくなりましてもペーパーホルダーに設置させていただいております」

エコロジー対策。まったく異存はない。でもならばかつては、少し量が減ったロール式のトイレットペーパーをどのように処理していたのだろうと考える。

従業員の福利厚生の一環として支給していたのだろうか。いや量が多すぎる。廃棄していたとしか思えない。リサイクルの可能性はあるけれど、その際にも工程がある。エネルギーを使う。工程だけではない。荷を積んだ車は二酸化炭素を排出する。この国ではずっと美徳とされていた消費経済。嘘か本当か知らないけれど、日本の家電製品の一部は一定の年数が過ぎると壊れるように設計されていると聞いたことがある。修理しようにも部品はもう生産されていない。だから新しい製品を買う。同時にメーカー側も、新たな機能をどんどん加えてモデルチェンジをくりかえす。スマホがいい例だ。最初は持ち運びができる電話機だった。それがいつのまにかカメラになりゲーム機にもなり、GPSやネットに繋がってパソコン代わりになっている。もう手放せない。自分が常に何かにつながっていることなど気持ち悪いと思っていたはずなのに、今はスマホを置き忘れて外出すると不安で仕方がない。

こうして少しずつ環境は破壊される。もちろん一人ひとりの日々の営みによる影響は、大企業や国家による大気汚染、水質汚濁、土壌や海洋汚染、森林など自然生態系の破壊に比べれば微細だ。でも大企業や国家の目的は、建前としては一人ひとりの国民の生活の向上。もっと直截に書けば、一人ひとりの欲望の充足。企業はそれによって利潤を得るし、政治家はそれによって支持率を獲得する。つまり問題の根源は、利便性や快適さを求める僕たち一人ひとりだ。

ここ数年、気候変動によって地球の気候システムが激変する臨界点（ティッピング・ポイント）を迎えるタイミングが、これまで考えられていた時期よりも早く訪れると警告する研究結果が増えていた。これを超えるともう戻れない。それはいつか。

予想よりも早いというレベルではなく、もうすでに超えたのかもしれない。

（『生活と自治』二〇二三年一〇月号）

北朝鮮ミサイル発射！

朝起きてテレビのスイッチを入れれば、北朝鮮がまたミサイルを発射しましたとのニュース。もはや日常。以下は内閣官房の国民保護ポータルサイトにアップされた最新の政府アナウンス。

政府としては、いかなる事態にも対応することができるよう緊張感をもって必要な対応に万全を期しているところです。（略）仮に、北朝鮮から発射された弾道ミサイルが日本の領土・領海に落下するまたは日本の領土・領海の上空を通過する可能性がある場合には政府としては、24時間いつでも全国瞬時警報システム（Ｊアラート）を使用し、緊急情報を伝達します。

人の正常性バイアスは強固だ。だから備えることに異議はない。でも前提は正確に把握したい。日本上空を通過するときの弾道ミサイルの高度は五〇〇〜一〇〇〇キロだ。そして宇宙空間を周回する国際宇宙ステーションの高度は四〇八キロ。破片が落下するなどありえない。さらに北朝鮮が頻繁に打ち上げるミサイルは実験用だ。つまり弾薬は搭載していない。

もちろん、発射時の角度で失敗する可能性はゼロではない。でもそれを言うならば、種子島宇宙センターから打ち上げるロケットだけではなく、中国やロシアがロケットを打ち上げるたびにJアラートを発令しなければならなくなる。

二〇二四年五月上旬、韓国外語大学の日本文化研究センターからの招待でソウルに行った。夜は教授や研修者たちと飲み会だ。

「森さんは爆弾酒知ってますか?」

「爆弾?」

「ソジュ(韓国焼酎)とビールを3:7の割合で混ぜます。試してください」

なるほど。口当たりがいい。飲みながら北朝鮮の爆弾(ミサイル)の話になった。北朝鮮がミサイルを発射したときに韓国政府やメディアはどのように対応するのか。その質問に対して彼らは「何もないですよ」と答える。「だって発射実験ですよね。おびえる必要はまったくない」

補足するが、国民が慢性的な飢餓状態にあるのに軍事開発を優先し続ける金正恩体制は論外だ。一日も早く体制変革してほしい。でも日本に暮らす僕たちが今考えるべきは、北朝鮮や中国など隣国の脅威を理由にこの国の形が変わること。既にずいぶん変わっている。敵基地攻撃能力の保有や防衛費倍増を明記した安保関連三文書の閣議決定に続き、武器輸出三原則は防衛装備移転三原則と名前を変えて弾薬や弾道ミサイル、さらに戦闘機の輸出も解禁した。沖縄と南西諸島の軍事要塞化は今も加速し続けている。

仮想敵の不安や恐怖を煽れば政権の支持率は上昇する。メディアの視聴率や部数も増大する。その帰結として国は大きな過ちを犯す。その記憶をもう一度噛みしめるべきだ。

(『生活と自治』二〇二四年七月号)

桐島、活動やめたってよ

テロリスト拘束のニュース

桐島聡を名乗る男が入院している。この情報提供が警視庁になされたのは二〇二四年一月二五日。NHKのNEWS WEBで検索すれば、一月二六日付で「桐島聡容疑者か　身柄確保七〇年代の連続企業爆破事件で指名手配」との見出しが見つかる。おそらくこれが最初の報道だ。以下に一部を引用する。

昭和49年から50年にかけて東京で企業が相次いで爆破された事件の容疑者の1人で、指名手配されていた「東アジア反日武装戦線」のメンバー、桐島聡容疑者（70）とみられる男の身柄が25日確保されていたことが捜査関係者への取材でわかりました。警視庁が確認を急ぐとともに男から事情を聴いています。

連続企業爆破事件は昭和49年から50年にかけて過激派の「東アジア反日武装戦線」が起こしたもので、三菱重工や三井物産、それに間組など海外に進出していた企業が次々と標的にされ、12件の爆弾事件が相次ぎました。

「東アジア反日武装戦線」のメンバーの1人、桐島聡容疑者（70）は、このうち昭和50年に東京・

銀座にあった「韓国産業経済研究所」のビルに爆弾を仕掛けて爆発させた事件に関わったとして爆発物取締罰則違反の疑いで全国に指名手配されていました。（中略）捜査関係者によりますと25日、病院の関係者から「桐島聡を名乗る男がいる」という情報が警察に寄せられたということです。

連絡を受けた警視庁の捜査員が男に事情を聞いたところ、「桐島聡」と名乗ったほか、事件当時の詳しい状況などについても話をしているということです。（後略）

もちろんNHKだけではなく、この日は民放各局もこの話題をほぼトップニュースで伝えている。その扱いの大きさにまずは驚いた。

なぜならメディアは社会の合わせ鏡だ。最初の報道が大きくて、その後もその扱いが維持され続けたということは、記者やディレクターなどメディア関係者の関心が強く、さらに社会全般もこれに呼応したということになる（最初の報道は大きくても視聴率や部数に反映されず、いつのまにかしぼんでしまったニュースはいくらでもある）。でもほぼ半世紀前に起きたこの事件に、なぜそれほどに多くの人が関心を示したのか、その理由がどうしてもわからない。推測だけど半世紀の逃亡に多くの人はドラマ性を感じ、好奇心を喚起されたのだろう。

入院していた桐島が亡くなった一月二九日、共同通信からコメントの依頼があった。電話で僕が話した内容を、社会部の記者は以下のようにまとめた。

桐島聡容疑者を名乗る男は「最期は本名で迎えたい」と話したとされるが、切なさを感じた。もし本人なら、逃亡してきた約50年間を彼がどんな思いで生きてきたのか、その一端を表していると思う。

これまで取材してきたオウム真理教事件の死刑囚や連合赤軍の関係者と同様、恐らく悩みながら、後悔しながらの半生だったのではないか。

「東アジア反日武装戦線」の大義は、日本企業がアメリカと一緒になってベトナム戦争などに加担しているというものだった。爆弾闘争という手法は許されないが、その大義は一面の真実でもあった。彼らなりの切実な思いがあったことは確かで、それを理解しようともせず、メディアや社会が単なる凶暴で冷酷な「テロリスト」が見つかった事案として今回の件を扱うのは違和感がある。

オウムや連合赤軍は、普通の真面目な人たちが組織の中に埋没し、もうこれしかないという視野狭窄に陥った。桐島容疑者も似た状況だったのではないか。単にテロリストだと切り捨てるのではなく、今回の事案を機に、連続企業爆破事件が起きた当時の歴史や彼らがなぜ凶行に走ってしまったのかという背景についても目を向けるべきだ。

政治に関心のない今の若い人たちには、ぜひ記憶にとどめてほしい。かつての同世代の人たちが、アメリカとの付き合い方、太平洋戦争で侵略したアジアへの補償や謝罪について、真剣に考えていたということを。

公安から一般の人まで

このコメントが複数の地方紙に掲載された翌朝、たまたまスイッチを入れていたテレビのワイドショーで、元公安警察官と紹介されたゲストコメンテーターが、桐島が最期に名前を明かした理由について、「どうだ逃げ延びたぞ」「ざまあみろという気分ではないか」などとコメントした。

テレビを観ながら唖然。この人は本気で言ってるのか。アイロニーじゃないよな。どうも本気らしい。長年の捜査人生で、法に抵触した人に対する見方が偏向しながら凝り固まってしまったのか。そういえばドキュメンタリー映画『正義の行方』（二〇二四年四月公開）でも、インタビューに答える警察ＯＢ（飯塚事件捜査関係者）たちは、みな同じ表情で同じ口調で自分たちは絶対に正しいと信じていた。

でもスタジオのパネリストからも、元公安警察官のコメントに対しての反論や違和感の表明はない。思わずネットで検索して、僕はさらに唖然とする。公安など捜査関係者だけではなく、三谷幸喜など識者や一般の人たちの多くも、桐島に対してはこんな見方をしているらしい。ならばドラマ性を感じたとの僕の推測は的外れなのか。いやそれはそれでドラマなのかもしれない。でもずいぶん浅いドラマだ。

とにかく言わなくては。勝利宣言とかざまあみろとか、人に対しての見方があまりに浅い。もちろん僕だって桐島と話したことはない。想像するしかない。でも断言できる。少なくとも桐島は、絶対にそんな勝ち誇った気分で死を迎えてはいない。

桐島は韓国産業経済研究所以外にもいくつかの爆破事件に関与したとされているが（本人は韓国産業経済研究所爆破事件への加担を否定している）、そのすべてに死者は出ていない。そして前科もないから、仮に事件直後に逮捕されていたら、もう出所していた可能性は高い。さらに、共犯者とされる二人が国外逃亡しているため、公訴時効も停止されていた。

事件そのものがあってはならないことは当然として、その後の展開は桐島にとって、とても不運だったと言える。

東アジア反日武装戦線が結成された一九七二年、新左翼過激派によるもうひとつの大きな事件が起きていた。共産主義者同盟赤軍派と京浜安保共闘革命左派が合流して結成された連合赤軍によるあさま山荘事件だ。さらに、山荘に立てこもった五人が逮捕されたあとには、彼らが同志一二人を殺害していた山岳ベース事件も明らかになり、日本社会は大きな衝撃を受ける。

二つのセクトが南アルプスで合同軍事訓練を始めた一九七一年夏、当時は革命左派の幹部だった永田洋子が、組織を脱走した二名の殺害を決定する。これが最初の同志殺害だ。事後の報告でこれを知った赤軍派幹部の森恒夫は、（そもそもは自分が最初に永田に指示したのに）「あいつらバカじゃないか」と口走ったという。

これを僕に教えてくれた植垣康博（浅間山荘に立てこもった五人のうちの一人で、山岳ベース事件では八人の殺害に加担して懲役二〇年）は、「総括に加わるよう求められ、拒めば総括の対象にされた。おかしいと思っても怖くて言い出せなかった」と、当時の自分の気持ちを説明した。

当時の経緯や心情を僕に語ってくれた当事者は植垣だけではない。連合赤軍の元兵士たちが主催するシンポジウム「連合赤軍事件の全体像を残す会」にパネリストとして呼ばれてから、もう二〇年近く、僕は彼らとの付き合いがある。なぜあんな事件を起こしたのか。なぜ自分は加担したのか。なぜ止められなかったのか。彼らは今も必死に考え続けている。

よど号グループの自責

平壌に行って、当時の赤軍派の兵士たち九名で構成されたよど号グループが居住する日本人村（と彼らは呼んでいる）のゲストハウス（というか民家）に一週間泊まり込んで、彼らと一緒に遊園地やサーカスに行ったり酒を飲んだりカラオケに行ったりアヒルの焼肉を食べたり徹夜で議論したり、という体験もある（「平壌から」を参照）。

ちなみによど号グループの面々は、僕が訪朝する数年前までは、日本に帰国して裁判を受けるつもりだった。長くても二〇年程度の服役で出所できる。ならば最期の時間を祖国で過ごすことができる。

しかしこの時期に、日本人拉致事件への関与の疑いで安倍政権は国際指名手配をＩＣＰＯに要請し、よど号グループは帰国をあきらめた。以下は産経ニュース（二〇二〇年三月三〇日付）からの引用だ。

昭和45（1970）年3月、共産主義者同盟赤軍派の学生ら9人が日航機を乗っ取り、北朝鮮へ渡った「よど号」事件から50年を前に、よど号グループが産経新聞の取材に応じた。「ハイジャックを含め赤軍派の戦いは間違っていた」と総括する一方、メンバーが国際手配されている欧州での日本人拉致は「無関係だ」と主張。日本への帰国は「拉致の疑惑が晴れない限り不可能だ」とした。北朝鮮・平壌の「日本人村」で共同生活するメンバーを代表して若林盛亮（もりあき）容疑者（73）が電話取材に答えた。

若林容疑者は「理念のためなら、他人の命や犠牲はやむを得ないという考えは、絶対的に間違っていた」と振り返った。一方で北朝鮮での50年間について「アジアから見た日本を知れた。無駄ではなかったと思いたい」とした。

ウェブサイトや会員制交流サイト（ＳＮＳ）でメッセージを発信、20代の若者らから批判を含めた投稿もあるが、「若者は政治に無関心で、学生運動もなくなったが、私たちの責任を考えれば批判できる立場ではない」。

欧州での日本人拉致事件は改めて関与を否定。今年２月、有本恵子さん（60）＝拉致当時（23）＝の母、嘉代子さんが94歳で亡くなったことについて「ご家族の心中を察するに余りあるが、本当に関与していない」と話した。

一方、１９８０年代に多くの日本人の北朝鮮渡航を斡旋（あっせん）したと明かし「通常の手続きで入国できない市民運動家などの依頼に応じた。多くの人が訪朝し、無理に連れ去る拉致の必要はなかった」と強調した。（後略）

日本人拉致に加担した容疑については、若林や現在のリーダーの小西隆裕、さらに（同居している）彼らの妻たちとも、夜を徹して何度も話し合った。ここにその詳細を書く紙幅はないが、今の僕はまったくの冤罪だと確信している。

熱い政治の時代には間に合わなかったけれど、多くの元活動家たちと知り合うことができた。たくさん話を聞いた。議論した。そのうえで想像する。自らの死期が迫っていることを知った桐島聡の心中を。

保険証や免許証は持てない（もし事件前に持っていたとしても更新できない）。銀行口座も作れない。工務店の寮に寝泊まり。身長は一六〇センチ前後で強度の近視。脚が細い。歯医者に行けないためか、歯はほとんど残されていなかった。時おり広島弁が滲む（現在の広島県福山市出身）。六〇～七〇年代の洋楽が好きで、好きなミュージシャンはジェームス・ブラウンとカルロス・サンタナ。年下の女性と交際していた時期もあったようだが、自分は結婚できないとして交際を終えたと話していたようだ。

桐島が暮らしていた工務店の寮の映像をテレビニュースで見ながら、桐島の心情を僕は想像する。

戦争でアジアを侵略した日本が、再び経済的にアジア侵略をなすことは許されないとして爆弾闘争に参加しながら、（自分自身は加わっていないが）三菱重工爆破事件で多くの一般人が死傷したことを知ったときに何を思ったのか。歯医者に行けず痛みに耐えながら、一本ずつ歯が抜けるたびに何を考えたのか。愛する女性と家庭を持てない自分についてどのように葛藤したのか。自分たち過激派の犯罪行為が、結果的には左翼的な活動に対する嫌悪や拒否感を多くの日本人に胚胎させ、若い世代の政治離れや自民党一党支配をさらに盤石にしてしまったことについてはどのように自責するのか。

しばらくぶりだけど書きたい。あるいは撮りたい。現在の仮のタイトルは「桐島、活動やめたってよ」。

（二〇二四年二月一一日）

ゴッド・ブレス・アメリカ

入国審査で足止め

ＮＨＫの仕事でニューヨークに行ったとき、ジョン・Ｆ・ケネディ空港のイミグレイション（入国審査）で、半日近く拘束されたことがある。朝八時くらいの着陸だった。僕のパスポートをしばらく見つめていた係官は、指で合図をして数人の係官を呼んだ。まるで昼飯用にビッグマックを買ってきてくれとでもいうような表情と仕草だったので、ほとんど緊張感がないまま、僕は数人の係官に誘導されてイミグレイション横の部屋に案内された。

それから金髪をクルーカットにした係官に尋問される。アメリカには何をしにきたのか。日本ではどんな仕事をしているのか。帰りのチケットは持っているのか。もちろん僕は正直に答える。日本の公共放送であるＮＨＫの仕事でここに来た。ただし僕はスタッフではない。僕の職業は作家だ。映画監督もやっている。今回はレポーターとインタビュアーの役割だ。番組のテーマは「同時多発テロから十年が過ぎたアメリカ社会の変化」。ちなみにインタビュイーの一人はジョン・ダワーだ。最後にジョン・ダワーの名前を出した理由は、係官の表情がとても険しくて高圧的だったからだ。しかも数分で終わるだろうと思っていたのに、もう三〇分近く解放されていない。少し焦ってきた。ジョン・ダワーの名前を出せば係官の態度も変わるだろうと考えたのだ。

でも係官の表情は変わらない。というか、ジョン・ダワーの名前を知らないらしい。著名な歴史学者でマサチューセッツ工科大学の教授でもある。一九九九年に彼が発表した『敗北を抱きしめて』(Embracing Defeat) はピュリツァー賞を受賞して、戦後の日本社会の新たな解釈として日本でも大きな話題になった。そう説明しても無反応のまま、「おまえはドラッグを常用しているか」といきなり係官は訊いた。

「まさか」

「嘘をつけ」

「嘘なんて言ってない」

そんなやりとりをしていたとき、部屋の小さな窓の外に、日本から同行してきたＮＨＫのクルーの姿が見えた。何人かはきょろきょろしている。突然いなくなった僕を探しているのだろう。ここにいるよと知らせるために椅子から立ち上がって窓に近づこうとした僕に、係官はいきなり「Sit down. Don't move!」と怒鳴り、腰のガンホルダーに右手を当てた。アメリカのイミグレイションの係官は武装している。そしてこの金髪クルーカットの男はかなり興奮しやすいようだ。僕は椅子に座り直す。なぜこんな目にあっているのかわからない。

それから一時間が過ぎるころ、扉がノックされて日本人女性が顔を覗かせた。僕が乗ってきたＪＡＬのスタッフらしい。乗客の一人が拘束されているとの情報が届き、あわてて駆けつけてきてくれたのだ。

「森さん、英語は？」

「不十分です。通訳してください」

係官に僕の言葉をあらためて通訳しながら、彼女は早口の英語で説明も加えている。係官はちらちらと僕の顔を見る。どうやら彼女は僕の冤罪を主張してくれているようだが、係官の表情は変わらない。

「ちょっとまずいかもしれません」

彼女が僕に耳打ちした。

「まずいって」

「もしかしたら、というかこのままでは、日本に強制送還となる可能性が高いです」

「なぜですか」

「よくわからないんです。森さんはドラッグは所持していないですよね」

「所持どころか吸ったことも、……マリファナは何回かあるけれど、アメリカで吸ったことはないです」

「この男は自分に嘘を言ったと彼は言っています」

「嘘なんか言ってません」

「何かの誤解であることは間違いないと思うのですが」

この会話の途中に僕はトイレに行った。でももちろん、勝手に行くことはできない。撃ち殺される。金髪クルーカットの係官に「トイレに行きたい」と伝えれば、プロレスラーみたいな体格の黒人と白人の係官二人が僕の両側に立った。そのままトイレに行く。小便便器に向かっているあいだも二人はすぐ後ろに立っている。もちろん二人も銃を装備している。なんだかハリウッドアクション映画の主演俳優になったような気分だ。ただしこれは現実だ。強制送還なんて冗談じゃない。ならばもうアメリカに来れなくなるし、何よりもＮＨＫのこの番組に大きな迷惑をかける。困った。部屋に戻るとＪＡＬのスタッフの姿はない。誰かに応援を頼みに行ったと思いたいけれど、三〇分以上が過ぎても戻ってこない。金髪クルーカットはボールペンを手にしてデスクの上に置いた書類を見つめている。強制送還の準備だろうか。

時計の針が正午になる数分前、年配の黒人係官が部屋に入ってきた。金髪クルーカットは立ち上がり、口笛を吹きながら髪に櫛を入れて私服に着替え、あっというまに出て行った。どうやら早番と遅番の交代らしい。デスクに座って書類をしばらく眺めていた黒人係官は、顔を上げて僕を見つめてから、右手を挙げてこっちに来いと合図した。

僕はおそるおそる立ち上がる。また「Don't move!」と怒鳴られたくない。黒人係官は近づいた僕を一瞥してから、招いた右手を反対に振った。要するに「行け」と合図した。

「……もう終わりということ？」

「そうだ、行け」

手荷物を抱えて僕は部屋を出る。本当なら黒人係官をハグしてお礼を言いたいところだけど、とにかくこの場から早く逃げ出したい。

部屋の外ではＮＨＫのクルーたちが困惑した表情で僕を待っていた。

「どうしたんですか」

「わかんない。担当が変わったらいきなり解放された」

紹介された現地コーディネーターの白人男性が、「運が悪かったんです」と僕に日本語で言った。「911以降、イミグレイションは時おりこれをやります」

「これって?」

「外国から来た人に嫌がらせのようにいちゃもんをつけるのです」

結局のところ今に至るまで、この拘束の真相はわからない。でも現地コーディネーターが口にした「いちゃもん」という日本語は、今もはっきり覚えている。

ダワーが見たアメリカ

その後にグラウンドゼロの跡地と再開発の状況を取材し、ニューヨークに暮らすムスリムたちのコミュニティとイラク戦争に従軍してPTSDで社会復帰できない元兵士を訪ね、ニューヨークのモスク建設に反対する著名な女性右派オピニオン・リーダーにインタビューし、『スーパーサイズ・ミー』発表後にムスリムとの共存を訴えるドキュメンタリー映画『ビン・ラディンを探せ!』を監督したモーガン・スパーロックに会い、さまざまな民族や宗教が共存するクイーンズの中学校を訪ねて授業に参加した。白人はクラスの三分の一くらい。あとは黒人やアジア系、ヒスパニック系もいれば、髪をヒジャブで隠したイスラムの女の子もいた。そんな彼らが、番組スタッフが提案した「現在のアメリカ」をテーマに、カメラの前で「無理解が偏見を呼ぶ」「異教徒であっても話せば同じ」などと議論する様子に衝撃を受けた。

ロケの最終日にボストンを訪ねた。ジョン・ダワーへのインタビューだ。番組としてもメインなので、まる一日かけた。戦争はなぜ起きるのか。なぜ人々は憎み合うのか。なぜ戦争の歴史は終わらないのか。そんな話を続けながら、休憩時に僕は、入国の日にイミグレイションで起きたことを話した。

「これは大きな声では言えないけれど」とダワーは言った。「アメリカは右翼の国だよ。つまりナショナリスト」

「そうなんですか」

「多くの家の玄関には星条旗が飾られている。911後には車のボンネットに小さな星条旗の旗をつける人が増えた。いたるところに国旗がある」

「そういえばグラウンドゼロ周辺のビルも、大きな星条旗がビルの壁面に描かれていました」

「これが日本ならと考えてごらん。右翼ばかりの国だよ」

確かにと頷いてから、僕はダワーに「その話をカメラの前でもう一回してください」と言った。でもダワーは静かに首を横に振った。

「最初に言ったよね？　大きな声では言えない」

「ダワーさんでも言えないのですか」

「日本人がイメージする右翼や国粋主義とは少し違う。このニュアンスを誤解されないように発言することは難しいよ」

このやりとりをここで再現することに躊躇いはあるけれど、でもダワーはテレビだから編集されるリスクがあると僕に言った。僕は（この会話については）編集していない。記憶ではあるけれどそのまま再現しているし、ダワーの意図は誤解なく伝わると思う。

帰りの飛行機で考える。アメリカは若い国だ。しかも多民族多言語多宗教の国だから、自分たちの統合に自信がない。だからこそ事あるごとにまとまろうとする。つまり集団化を起こす。ただしこれは（ダワーが補足したように）、日本の保守や国粋右翼（の一部）が主張する「日本民族は世界一素晴らしい」とか「日本は神の国である」などとは少しニュアンスが違う。

アメリカは臆病なのだ。いつも脅えている。統合されていないことに意識下で気づいているからだ。だから（911後のアメリカ社会が示すように）一体化を強調する。強さを優先する。統合の象徴である国旗と国歌が大好きだ。世界一傲慢なフレーズ「God Bless America」を事あるごとに口走る。でも多民族多言語多宗教であるからこそ、一体化や統合は長く続かない。必ず反対意見が出る。（クイーンズの中学生のように）一人ひとりは自分の意見をしっかりと言葉にする。議論する。つまり一色になりきれないのだ。それがアメリカの強さだったはずだ。

大統領選は二〇二四年一一月。七月一三日にはトランプが狙撃されて支持率を上げた。再びトランプ大統領は誕生するのだろうか。分断という言葉が象徴的に示すように、アメリカ社会は本当に変わりつつあるのだろうか。しばらく行っていないので、自分の目で確かめたい。

ただしジョン・F・ケネディ空港にはもう行きたくない。

（「森達也のFAKEな世界」二〇二四年七月一七日）

初出は各項末尾に記載した。媒体名のない項はメールマガジン「闇論」（二〇二三年四月～二〇二四年三月配信）より。いずれも加筆・修正を行った。

森達也（もり・たつや）
1956年広島県生まれ。映画監督・作家。98年、ドキュメンタリー映画『A』を公開。2001年、続編『A2』で山形国際ドキュメンタリー映画祭特別賞・市民賞。2023年、劇映画『福田村事件』で釜山国際映画祭ニューカレンツ賞を受賞。著書に『放送禁止歌』『死刑』『A3』（講談社ノンフィクション賞）、『いのちの食べかた』『フェイクニュースがあふれる世界に生きる君たちへ』『ぼくらの時代の罪と罰』『千代田区一番一号のラビリンス』『虐殺のスイッチ』他多数。

九月はもっとも残酷な月

2024年9月1日　第1刷発行

著者　森達也

装画・装丁　三井ヤスシ
発行者　中野葉子
発行所　ミツイパブリッシング
〒078-8237 北海道旭川市豊岡7条4丁目4-8
トヨオカ7·4ビル　3F-1
電話 050-3566-8445
E-mail: hope@mitsui-creative.com
http://www.mitsui-publishing.com

印刷・製本　モリモト印刷

JASRAC 出 2405095-401

ISBN978-4-907364-36-6